JN409892

꽃보다 개

| **석현수** 에세이집 |

북랜드

국립중앙도서관 출판시도서목록(CIP)

꽃보다 개 : 석현수 에세이집/글쓴이 : 석현수. --서울 : 북랜드, 2013
P. 256 : 152×224cm

ISBN 978-89-7787-586-9 03810 : ₩10000

한국 현대 수필[韓國現代隨筆]

814.7-KDC5
895. 745-DDC21 CIP2013015306

석현수 에세이집
꽃보다 개

인쇄| 2013년 8월 25일
발행| 2013년 8월 30일

글쓴이| 석현수
펴낸이| 장호병
펴낸곳| 북랜드
135-936 서울 강남구 역삼동 832-7 황화빌딩 1108호
대표전화 (02) 732-4574 | (053) 252-9114
팩시밀리 (02) 734-4574 | (053) 252-9334

등 록 일| 1999년 11월 11일
등록번호| 제13-615호
홈페이지| www.bookland.co.kr
이-메 일| bookland@hanmail.net

주 간| 곽홍렬
책임편집| 김인옥
영 업| 최성진

ISBN 978-89-7787-586-9 03810

값 10,000 원

꽃을 든 여인이 아름답다.
애완견을 안고 있는 여인은 더 아름답다.
그는 이미 세상의 새로운 평화를 안고 있기 때문이다.

책을 내면서

독자에게는 신선함과 재미를, 기성 문인에게는 위로와 격려를, 글을 시작하는 이들에게는 무한한 가능성과 희망을 주고 싶었다. 모두가 앞만 보고 달릴 때 한둘은 뒤를 돌아보는 이도 있어야 한다는 사명감으로 글쓰기를 하고 있다. 생각의 다름이 결코 틀림이 아니라는 생각에서다.

새롭지 않으면 문장도 살아남지 못한다. 주제에 따라 모양을 달리한 것도 그런 맥락에서다. 담아낸 그릇에 따라 글의 맛을 달리 느낄 수 있을 것이다. 한 가수의 독특한 노래 스타일로 올해는 나라 안팎이 들썩들썩하고 있다. 노래 못지않게 수필에서도 저마다의 <강남 스타일>이 있을 것이다. 나는 이 책에서 최대한 나 자신의 스타일을 나타내려고 노력했다.

"문장이 최고의 경지에 이르면 특별한 것이 있는 것이 아니라 다만 거기에 적절할 뿐이며, 인품이 경지에 도달하면 다른 사람과 특별한 것이 아니고 단지 타고난 본래의 모습일 뿐이니라." 이는 채근담의 말이다. 별달리 기이한 문장 없이 알맞게 담아내려고 애썼지만, 깊이 있는 강의 흐름이 못되어 곳곳에 찰박거리는 소리를 들을 수도 있을 것이다.

이 책은 어리석고 사리에 밝지 못한 소시민의 살아가는 이야기다. 세상은 현자의 즉문즉설 입담도 필요하지만, 사는 것이 팍팍해질 때는 부족한 이의 생뚱맞은 이야기가 더 가깝게 느껴질 때가 많다. 수필은 대단한 문학이기 전에 영혼을 따뜻하게 감싸줄 마음 싸개며, 마음이 허한 사람들을 위한 미온微溫의 위로로 생각하고 있다. 몇 가지 주제에 대해서는 피하고 싶은 것도 있었지만, 수필이 가야 할 긴 여정을 생각하여 속내를 드러낸 것도 있다. 아무쪼록 맛깔난 책 읽기가 되기를 기대하는 바이다.

계사년 盛夏

지은이 석 현 수 拜

| 차 | 례 |

2 남산동 매미

3 매 맞는 나무

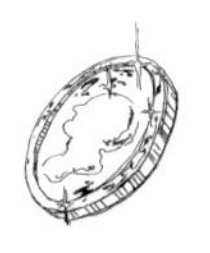

4 수컷에게도 희망이

5 웃으며 사진을 찍다

6 촌티를 못 벗으며

1
개고기와 신인상

개고기가 서구에는 존재하지 않는 음식인 것처럼, 신인상도 서구에서는 존재하지 않는 '쥐뿔' 같은 것이다. 두 가지 모두 우리만의 고민이다. 보신탕집 간판을 사철탕으로 바꿔 달아놓는다고 해서 개고기가 어딜 날아가는 것이 아니다. 문단이 쉬쉬한다고 해서 잡지사는 하늘에서 돈이 떨어지지 않는다. 어쩔 수 없다면 신인에게 부담시키는 경비만큼은 반드시 뒷거래 형식을 취하지 말아야 한다.

공무도하가公無渡河歌*

임이여, 차로 가지 마소.

초속 50m의 강풍을 동반한 초특급 태풍이라네요.
볼라벤Bolaven은 이전의 루사Rusa나 매미Maemi보다도 훨씬 더 위력이 세답니다.
200밀리가 넘는 폭우를 동반한다니 운전은 불가능하오.
나라가 온통 난리 북새통인데 뉴스도 안 보나요?
자가운전이라니,
미쳐도 단단히 미친 짓이오.
열차로 다녀오는 편이 낫겠소.
당신 솜씨를 내가 더 잘 알지 않소.

장롱 속에서 30년을 보낸 운전면허, 햇빛을 본 지가 겨우 몇 년 된다고.

무사고를 자랑삼고 있지만,
당신이 잘나서가 아니랍니다.
운전대를 많이 잡지 않았으니 늘 무사고일 수밖에 없지 않겠소.
부디 고집을 버려요.
태풍에는 KTX를 타고 간다 해도 먼 길 보내기 싫소.
차는 정말로 안 됩니다.

임은 기어코 떠나가시네.

당신 말대로라면 비가 와서 안 된다,
더위 먹는다고 안 된다,
길이 멀어 안 된다,
운전이 서툴러서 안 된다.
늘 안 되는 것뿐이지 않았지 않소.
언제 나더러 마음 편한 혼자 바깥나들이를 허락한 적 있었나요.
맑은 날에도 운전을 못 하게 해 놓고서는
지금 와서, 내가 서툰 사람이라니.
밤에는 밤눈이 어둡다고 못 하게 하고,
먼 곳은 기름 한 방울 나지 않는 나라라며 말리고,

가까운 곳은 대중교통이 편리하다고 부추기고
급하면 급할수록 나는 길치가 되고 기계치가 되어
만년 초보 딱지를 달고 다녀야 한다오.
새 차 사서 5년을 굴렸어도
2만 km의 주행거리도 되지 않았으니
남들이 계기판 들여다볼까 두렵소.
보험금 내고, 자동차세 내고,
모셔놓아도 감가상각비는 피할 수 없다오.
타지도 않는 차 왜 가지고 있어야 하나요.
누구 좋은 일 시키려고 그런대요?
말리지 마소.
악천후 기상에서 담력 한번 크게 키워 보겠소.
아, 임은 기어코 떠나고 마네.

원통해라, 먼저 간 임.

피해가 크다는
양식장, 과수원 소리가 쏙 들어가 버리고
교통사고 속보가 나온다.
절개지에서 흙더미가 쏟아져 내려 고속도로를 덮쳤단다.

빗길에 달리던 차량들이 연쇄 추돌로 큰 사고가 났단다.
'사상자가 여럿'이라는 머리글이 끔찍하게 보인다.
들것에 실려 옮겨지는 장면들,
화면 아래는 사상자 명단이 왼쪽에서 오른쪽으로 흘러가고 있다.
모두 고집 센 백수 광부白首狂夫들이다.
고집불통들을 말리지 못했던 남은 자들의 울음소리가 처절하다.
아무도 알아주지 않는 배짱,
허망한 용기.
원통해라, 코가 센 사내들.

아아, 저 임을 언제 다시 만날꼬.

"임이여, 물을 건너지 마오.
임은 기어코 물속으로 들어가셨네.
원통해라, 물속에 빠져 죽은 임.
아아, 저 임을 언제 다시 만날꼬."
2천 년을 거슬러 올라 공후 타는 소리가 들린다.
여옥麗玉과 아내의 얼굴이 뒤섞이고 있다.

당신이 여옥인가?
여옥이 아내인가?

둘의 넋두리가 요란해진다.
황천길도 서툴러서 갈 수 있을까?
죽음의 강 레테에는 수륙양용차라도 있을는지?
바람이 불까, 눈이 올까?
이승처럼 태풍이라도 불까?
있어도 걱정, 보내도 걱정인
아내의 남편 사랑을 잊지나 마소.
앉아서 용을 쓰느니보다 차라리 임 따라 같이 갈 것을.
아아, 저 임을 언제 다시 만날꼬?

전축 소리에 잠을 깨다.
레퀴엠Requiem이다.
선율이 너무 슬프고 장엄하다.
Kyrie, kyrie eleison. (주여 우리를 불쌍히 여기소서.)
모차르트Mozart의 것이던가?
파르르 떨리는 손의 주인은 누구인가.
잔소리가 도를 넘어,
자장가가 되었던 모양이다.
삶이란 실황방송이어서 연습이 없다고 했는데
옆 지기 말도 귀담아들으라고 꿈속을 날 데려간 걸까?
꿈보다 해몽이 좋다.

악몽으로 사내 고집은 한풀 죽었다.
계속되는 뉴스는 볼라벤 위력이 점점 더 강해지고 있단다.
본격적으로 집중호우가 쏟아져 내리기 시작한다.

그래, 결심했어.
운전은 물건너갔어.
나는 결코 백수 광부가 되어 무모하게 강을 건너지 않으리라.
컴퓨터 앞에 앉았다.
서울행 왕복표 예매를 서둘러 마쳤다.

* 註解: 한국 시가詩歌 중 가장 오래되었다, 고조선 때 여옥麗玉이 지은 노래라고 전한다. 공후箜篌를 타면서 불렀다고 하며 공후는 지금의 하프 형태의 발현악기 중의 하나라고 전해진다.

개고기와 신인상

개고기를 먹느냐고 물으면 먹는다고 답을 할 수도 없고 먹지 않는다고 대답할 수도 없다. 신인상(이하 등단)을 받을 때 돈이 드느냐고 물으면 든다고 할 수도 없고, 돈이 필요하지 않다고 말할 수도 없다. 등단을 여러 곳에서 해 본 사람도 이 일만큼은 긍정도 부정도 하지 못한다. 개고기와 등단이 어쩌면 이렇게 처지가 똑같을까?

서양 사람에게 개고기를 먹느냐고 물으면 개는 식용이 아니라며 단호히 'NO'라고 하고, 등단 시에 돈이 필요하냐고 물으면 숫제 등단이란 제도가 없다고 말할 것이다. 우리에게는 흔한 두 가지 질문을 서양인은 못돼먹은 뚱딴지 같은 잠꼬대라며 대꾸조차도 하지 않을 것이다. 그러나 우리는 심각하게 고심해야 한다. 개고기와 등단은 유독 우리에게만 있는 우리만의 문제여서 눈치를 보며 피해 갈 사안은 아닌 것 같다.

개는 축산법과 가축전염병예방법에 가축으로 분류돼 있지만, 축산물위생관리법에서는 가축에서 제외돼 있다. 개고기를 위생관리대상에 포함 시키자는 사람이 늘고 있다. 이것은 국민의 건강을 생각해서라도 불법유통에 의한 비위생적인 관리를 반드시 개선해야 한다는 취지에서다. 쇠고기, 돼지고기, 닭고기와 마찬가지로 국가가 가격통제나 위생관리를 해야 한다고 주장한다. 그러나 반대하는 목소리도 크다. 먹을 수 있는 음식의 범주에 공공연하게 개고기를 포함함으로써 개를 먹는 국민이라는 것이 타 국가에도 널리 알려질 수 있기 때문이다. 나라 망신이라며 두 손 들고 반대를 한다. 먹거리에 관한 사항은 위생과 관련지어야 마땅할 것 같은데, 나라 체면을 앞세우다 보면 음성적으로 눈감아주는 정도에서 그쳐야 한다. 나는 보신탕을 즐겨 먹는다. 허가된 위생 음식이어서 먹는 것이 아니라, 탈이 나거나 말거나가 전적으로 당사자 책임인 혐오 식품을 즐기고 있는 셈이다.

등단에 관한 사항도 마찬가지다. 응모자는 잡지 ○○○권 몫을 입금할 수 있겠느냐는 질문을 곧 합격통지로 알아듣는다. 누구나 있었던 일을 아무에게도 없었던 일인 양 서로 내숭 떨고들 있다. 당사자는 내심 무슨 야합이나 한 듯 마음이 께름칙해지고 뒤늦게 후회를 하는 이도 있다. 마른날 벼락을 맞을 확률만큼이나 적은 수의 등단 자와 문예지가 이러한 관행이 절대로 없다고 할 것이니 이런 곳은 논외로 하자.

경영난에 허덕이는 문예지에는 신인상으로 거둬들이는 돈이 큰 효자 노릇을 한다. 형식은 책값이나 행사비 명목이지만 등단자의 주머니로부터 나가는 돈이라면 그게 곧 등단 비용이다. 백 명의 독자를 확보하기는 어려워도 한 사람에게 백 권씩을 떠안기는 것은 식은 죽 먹기다. 등단 비용을 양성화할 수는 없을까? 언제까지 겉으로 시치미를 떼고 있을 것인가. 둘을 등단시키나 셋을 시키나 오십 보 백 보이면서 서로서로 손가락질하고 있다. 상대가 마구잡이 등단으로 질을 떨어뜨린다는 이유에서다. 악화가 양화를 구축한다는 말까지 나온다.

경비란 문단에 등용하면서 문학 발전을 위해 소정의 기여금을 낸다는 뜻으로 해석해 달라는 이가 있다. 초기 출혈을 어느 정도 감수하라는 말이기도 하다. 반대 의견도 만만치는 않다. 기부입학제처럼 학교 재정을 도와주고 입학하는 꼴과 무엇이 다르냐는 뜻에서다. 필요악으로 보고 근절하자는 숨은 목소리도 있다. 홀로서기가 가능한 문예지만 살아남도록 하는 것이 전체가 누명을 쓰기보다야 낫지 않을까 하는 생각에서다. 부실한 곳일수록 제사보다는 제삿밥에 관심을 두게 된다. 이들은 장삿속이다. 등단 장사도 마치 개고기 장사와 같다는 생각을 한다.

보신탕은 위생 위반 고발이 없다. 깨끗해서가 아니라 당연히 비위생적일 수 있다는 전제하에 먹기 때문이다. 개고기를 먹는 주제에 떠들어서 뭘 하느냐는 자격지심이기도 하다. 그래서 개고기 장사에는 말썽이 일어나지 않는다. 등단도 마찬가지다. 서로가 필요에 의한 맞춤식 거래이고 보니 소비자 고발 같은 것이 있을 수 없다. 말썽이 될 사람은 예선에서부터 탈락이니 남은 사람은 감사할 위인들뿐이다. 돈 들여 등단했다는 사람이 있다면 그는 누워서 침 뱉는 바보다. 누가 묻더라도 우리는 절대 그런 일 없었다며 시치미 뗄 사람들이다. 누이 좋고 매부 좋은 일에 무슨 탈이 나겠는가.

개고기와 등단이 탈 없이 지나간다고 문제가 없는 것이 아니다. 개를 나무에 매달아 잔인하게 도축하는 과정이 문제이기도 하고, 전혀 위생관리가 되지 않는 것이 문제이다. 나라 망신이란 이유로 언제까지 모른 척하고 지낼 것인가. 등단에 관한 일을 문인의 체면 때문에 긍정도 부정도 없이 모른 척하고 넘기기엔 지금도 늦은 감이 있다. 글을 쓰는 사람은 문예지가 없는 세상을 생각할 수 없다. 문예지는 독자들을 위한 잡지사이면서도 문인들의 글을 실어 나르는 운송 도구이다. 그렇다면 원활한 경영을 위해 등단 자에게 소정의 경비를 부담시키는 것이 나쁘다고만 할 수 없을 것이다. 문제는 음성적인 거래로 쉬쉬하고 있기에 서로가 출발부터 떳떳해지지 못하다는 것이다. 마치도 돈이나 주고 거래나 한 듯 이해되거나, 또 오해되어 온 것이 어찌 어제오늘의 일이던가. 어쩔 수 없는 필요악이라면 거래 명세가 존재하고 세금계산서가 발행되는 양성적인 거래로 전환되어야 할 것이다.

개고기가 서구에는 존재하지 않는 음식인 것처럼, 신인상도 서구에서는 존재하지 않는 '쥐뿔' 같은 것이다. 두 가지 모두 우리만의 고민이다. 보신탕집 간판을 사철탕으로 바꿔 달아 놓는다고 해서 개고기가 어딜 날아가는 것이 아니다. 문단이 쉬쉬한다고 해서 잡지사는 하늘에서 돈이 떨어지지 않는다. 어쩔 수 없다면 신인에게 부담시키는 경비만큼은 반드시 뒷거래 형식을 취하지 말아야 한다. 이유는 단 한 가지다. 그들은 새롭게 뜨는 문단의 별들이기 때문이다. 작가란 시대적 상황을 대변하여 울어주는 나팔수라고 하지 않았던가. 등용하는 작가에게 처음부터 망가진 나팔을 들릴 수는 없다. 양심이 살아있는 작가라야 붓도 살아 움직일 것이다. 개고기도 숨어서 먹는 것보다는 정상적으로 관리된 것을 떳떳하게 먹을 때라야 몸보신이 될 것이다. 개고기와 신인상의 처지가 이래저래 닮은 점이 많아 우리를 서글프게 한다.

겉치레 속치레

얼굴을 안경으로 가렸다고 해서 다른 사람이 되는 것이 아니다. 달라 보일 수야 있겠지만, 홍길동은 안경을 써도 어디까지나 홍길동이다. 날씨가 춥다고 귀마개를 하고 길을 나선다고 해서 사람이 바뀔 수 있을까? 얼굴은 간판이어서 성형이 아니고서는 변경을 하지 않는다. 수시로 표정을 바꾸고 살아야 한다면 그는 연극 속 극중 인물을 대행한 배우일 것이다.

이름도 얼굴 같은 것이어서 여간해서는 바꾸지 않는 것이 좋다. 자주 바꾸는 것도 집안 내력이어서 아버지 아들 대까지 이름 바꾸기를 수없이 하는 이도 있다. 큰 인물 되고 큰돈 벌기 위해서라지만 이름 바꿔서 될 일이 아니다. 본인이야 말할 것도 없고 남에게도 적지 않은 어려움을 준다. 우선 학교 동창들조차도 헷갈려 이름 부르기를 주저한다. 발음 때문에 놀림감이 되거나 할 경우에야 어쩔 수 없겠지만, 족보까지 고치려면 재판절차도 감수해야 한다.

관공서는 이름으로 국민을 힘들게 한다. 이름 자주 바꾸는 부서는 몇 년이 지나도록 뭣 하는 곳인지 모른다. 처음에는 외우려 들지만, 나중에는 스르르 관심을 꺼버린다. 그중 하나가 중앙 행정부서의 이름이다. 심하게는 내각이 발표되어도 그곳이 무엇 하는 곳인지도 모를 때가 많다. 어릴 적 '사회생활'이란 국정교과서에 실었던 몇 실 몇 부처를 외우며 성장기와 청년기를 지낸 노인세대는 새삼스럽게 세상일에 눈뜨려 노력하지 아니하는 한 따라잡기에 큰 불편을 겪어야 한다. 막 시작하는 다문화 가정처럼 한국이 낯설고 서투르다.

4・19 때 내무부 장관이면 천하가 쩌렁쩌렁할 정도로 생각했다. 삼척동자도 알았던 곳이 아니던가. 내무부가 두 번 이름을 바꿨다는 통에 '내무부'란 옛 이름도, 새롭게 등장한 현대식 이름도 잊어버렸다. 말을 빌리면 전 행정자치부를 거쳐 지금의 안전행정부로 바뀌었다는 소문을 들었다. 그때의 1 특별시 14도는 광역시 몇 개가 늘어났을 뿐이고 강원도, 충청도, 전라도, 경상도도 변함이 없건만 어찌하여 이를 다스릴 행정관서 이름은 바꾸고 또 바꾸어야 했을까.

옛날 이름은 법무부, 국방부 정도가 남아 있을까? 부서마다 구름처럼 일고 또 흩어지는 기능들을 더하고 빼느라 긴 이름들을 달고 있다. 솔직히 말해 나는 우체국을 관장하는 부서가 어느 장관 밑인지도 모르고 산다. 설령 알면 뭣 하나 식이다. 다른 사람은 다 따라오는데 왜 당신만 못 따라오느냐고 핀잔을 줄 수도 있겠고, 그것도 개인 능력이라면 할 말이 없어진다. 곧 잊어버리거나, 아니면 또 바뀔 것이라는 생각에 외울 엄두를 못 내는 것은 내 탓일 것이다. 그러나 관심을 두려 해도 자꾸만 관심 밖으로 밀려나는 것은 어인 일일까?

나는 지금 요순시대에 사는 것일까? 아니다, 오히려 그 반대인 무관심 속에 살고 있다. 태평성대를 노래하던 요나라 순나라 백성은 누가 나라의 왕인지 몰랐고 그걸 굳이 알려고도 하지 않았다. 해가 뜨면 일하고 해가 지면 쉬는데 나라가 베푸는 큰 덕이 내게 와서 무슨 소용이 있겠느냐는 태평한 마음에서가 아니다. 정부 부처 이름부터가 혼란스러워 애써 알려고 하지 않는다.

예를 좀 더 들어보자. 문화체육관광, 농림축산식품, 산업통상자원, 국토교통 등등이 그것이다. 다행히 전 교육인적자원부가 다시 교육부로 돌아왔다니 내가 아는 부서가 하나 더 늘어나서 반갑다. 그동안 법무부, 국방부가 그나마 자기 이름을 지키고 있었다. 옛 농림부는 임업이 들어가거나 수산이 나오거나 축산이나 식품이 들어갈 때마다 옷을 다시 갈아입었다. 직능만 고쳐도 될 일을 취급하는 품목을 모두 명기하려는 백화점식 나열 방식이 미련해 보인다. 안경을 끼었다고 귀마개를 착용했다고 그때마다 안경 낀 얼굴, 귀마개 낀 얼굴이라 부르는 것이나 무엇이 다르랴. 이런 식이라면 '홍길동'이란 사람을 부르면 될 것을 안경과 마스크 그리고 귀마개 낀 '홍길동'이라고 불러야 제대로 마음이 놓이는가 보다.

변화와 개혁 탓이다. 전임자와 달라 보이겠다는 욕망이 넘치고 있다. 모두 새 술은 새 부대에 담겠다고 나선다. 전임자가 했던 것 들어내는 것도, 전임자가 들어냈던 것 다시 제자리에 돌려놓는 것이라도 해야 한다. 변화와 개혁만큼 매력적인 간판이 또 어디에 있을까? 누구나 이 카드를 앞세우며 이름부터 고치고 본다. 변화해야 산다느니, 개혁하지 않으면 죽는다느니 하며 가장 시끌벅적한 시절일수록 부끄러운 작태가 더 많았던 것을 기억하고 있다. 어떤 직함에서는 "교통사고 없는 원년"을 만들겠다며 기염을 토하기도 했다. 이후 결과는 원년 이전보다 더 많은 사고율로 마감했다. 후진기어를 넣어 기존의 것을 어지럽혀 놓아 개악한 변화도 많았다. 몸단장도 같이 해야 하는 건데, 대부분 얼굴 나타내기에만 신경을 쓰다 속치레를 못 한 모양이다. 현수막이 사철 나부끼거나 홍보영상물이 화려한 곳일수록 겉치레가 심한 곳이다. 우리는 멋진 이름이나 간판을 보기보다는 옛 이름표라도 좋으니 허리띠 졸라매고 땀 냄새를 물씬 풍기며 일하는 모습을 보고 싶을 뿐이다.

한동안 도서관 찾기가 정말 어려웠다. 도서관이 '문화정보센터'로 이름이 바뀌고 나서부터 도서관이란 검색어가 인터넷에 없어졌다. 도서관 홈페이지를 찾을 수가 없으면 예약도 못 한다. 긴 새 이름으로 부르기가 쉬운 세대는 얼마 되지 않는다. 차량일 경우도 마찬가지다. 문화정보센터를 모두 입력해 주지 않으면 행선지를 못 알아본다. 갑자기 갈 곳을 모르고 길을 찾는 문맹자로 전락한 적이 있었다. 누구나 한 번쯤 겪었던 일일 것이다. 개명한 지 14년 만에 '도서관'이란 옛 이름으로 다시 돌아왔다니 얼마나 다행한 일인지 모르겠다. 책을 보고 빌리고 하는 곳에서 문화강좌가 열린다고 해서 굳이 '문화'라는 말을 집어넣으려 애쓰다 보니 멀쩡한 사람들을 10년 넘게 힘들게 만들었다.

'밀림의 성자聖者'라 불리는 슈바이처(1875~1965) 박사도 자기 꾸미기에 탁월한 연출가였다고 한다. 슈바이처가 그 바쁜 진료 중에도 수만 통의 편지를 발송했고, 그 수신자가 아인슈타인에서부터 흐루쇼프를 거쳐 존 F. 케네디에 이르기까지 다국적 권력자였다고 하니 '전략적으로 행동하는 정치적 인간'으로 그를 평하는 이도 있다. 자기 알리기는 성인에 가까운 사람도 주체 못할 욕심이었나 보다. 다음 또 다음을 약속받아야 하는 민선 단체장의 애로가 왜 없겠는가. 그러나 안경을 낄 때마다, 귀마개를 할 때마다 같은 사람을 달리 불러 줘야 하는 우리의 고통도 알아주면 좋겠다. 사람이 바뀔 때마다 해야 하는 스무고개 놀이도 이제는 진력이 났다. 너무 심하게 이름으로 장난하지 마라, 나중에는 얼굴 못 알아볼까 두렵다.

가구家具와 가구假具

"침대는 가구가 아닙니다." 한동안 유행어가 되었던 상업광고다. 사람들은 이 광고 때문에 아이들에게 혼동을 준다며 불편스러워했다. 아니나 다를까 초등학교 시험문제에 등장했다. 가구家具가 아닌 것을 택하라는 문제다. 장롱, 식탁, 이불, 침대 중 아이들은 만장일치로 침대를 답으로 썼다. 방송에서도 침대는 가구가 아니라고 했으니 두말할 것도 없다는 식이었다. 참으로 현명한 선생님이시다. 선생님은 아이들에게 매스컴에서 떠든다고 해서 반드시 정답이 되는 것은 아니라는 것을 가르쳐 주고 싶었을 것이다.

생활용 가재도구에 가구家具가 포함된다. 가구家具에 용도 이상의 돈 투자를 하면 가구假具로 둔갑한다. 가구假具는 별 쓰임새도 없으면서 치레로 진열해 놓는 것들이다. 특히 사업하는 사람들은

으리으리한 가옥假屋과 가구假具와 허虛자 번호판의 자동차가 필수다. 은행 담보나 남의 돈을 끌어들이기 위해서 있는 척해 보이도록 하는 처세술이다. 약한 실력도 있어 보이도록 가책假冊까지 늘어놓는다. 내용은 여하간에 금장金裝이거나 두꺼운 전집만을 골라서 멋있게 진열한다. 지식을 가장한 빈 머리치장이다. 유리가 다이아몬드보다 더 빛나는 것은 깨지기 쉬운 취약함을 가리기 위한 것이라고 했다.

침대가 가구家具가 아니라는 말은 틀린다. 정말 그렇다고 한다면 정신병원에 가 봐야 한다.

침대는 가구假具가 아니라는 말은 맞다. 장식용으로 쓰는 물건이 아니라는 말이니 지극히 당연한 말이다. 침대는 외형보다는 쓰임새가 맞는지를 먼저 살펴보아야 한다. 돈으로 침대는 살 수 있겠지만 잠까지 사오는 것은 아니다. Money can buy a Bed, but not Sleep. 광고의 주안점은 가구假具가 아니라 가구家具라는 점을 강조하고 있다. 이런 점에서 침대는 과학이어야 한다. 도입부를 의도적으로 거두절미하여 크게 반전을 꾀하는 역설적인 광고로 재미를 톡톡히 보았을 것이다.

나는 가구家具다운 가구도, 치레의 가구假具도 없다. 아무리 친한 사이라도 집 안으로 들이지를 않는다. 그럴수록 궁금증 효과는 늘어나 잘해 놓고 살 것이라는 의구심이 커진다. 간간이 지갑이나 잽싸게 뽑아들고 계산대로 나서면 절대로 빈한 테가 나지 않는다.

허허실실虛虛實實 살아가는 내 식이다. 예전엔 형편이 안 되어 없었고 이제는 놓을 자리가 없어서 들이지 못한다. 가구家具도 못 들이는 판에 가구假具까지 욕심내기란 무리다. 주거 공간이 좁아 몇 안 되는 가구들이 오히려 나더러 자리를 비워 달라고 한다. 있는 것을 버려야 새것을 들여 놓을 수 있는 선입선출先入先出의 논리를 따른다면 가재도구 태반을 내다 버려야 가까스로 더블베드 하나가 좌정할 수 있을 것이다. 말 사면 종 둔다고 했다. 도무지 말〔馬〕 생각이 없는 걸 보니 어지간히 마구간이 시원찮은 사람인가 보다.

같을 수야 없겠지

산에서 가끔 인정 많은 아저씨를 만난다. 소리 보시布施를 하는 분이다. 한물간 워크맨 녹음기를 괴춤에 차고 카오디오에서나 들을 법한 유쾌한 메들리를 틀어놓고 마음이 기쁘다. 모두가 무료해할 시간이니 이왕 듣는 노래라면 혼자 듣느니보다 주위 사람과 같이 나누고자 하는 것 같다. 음량을 잔뜩 늘이고 제 흥에 겨워 콧노래를 부른다. 주는 마음은 저렇게 즐거운가 보다.

산에서는 귀보다는 눈이 즐겁기를 바라는 사람이 많다. 때로는 눈의 즐거움조차도 번거롭다는 생각에 세상일 한나절 잊어버리고 싶어 묵언 수행하는 도승처럼 산을 오르는 사람도 있다. 비우고 또 비우며 일상의 자잘한 생각에서 떠나 있고 싶은 사람들이다. 이들에게 산속의 음악 소리가 명상곡으로 들리겠는가? 명곡이냐

유행가냐를 떠나 기계음은 성가신 괴롭힘일 것이다.

기쁨과 슬픔, 사랑과 눈물을 노래하며 감상에 젖어보자는 은근한 권유는 낭만적이다. "유행가, 유행가 서글픈 노래 가슴 치며 불러본다/ 유행가 노래 가사는 사랑과 이별 눈물이구나." 그는 주위를 한통속으로 끌어들여 다 같이 축제의 분위기라도 만들고 싶어 한다. 뒷발꿈치를 들썩거리며 흥겨운 나머지 당장에라도 상대만 있다면 빙빙이라도 돌아볼 기세다.

지금은 살기가 나아져서 생각이 예전 같지 않다. 굳이 산이라서가 아니라 어디서든 여럿이 부산함을 떨기보다는 조용한 것을 선호하는 편이다. 소리 하나라도 나누어 가져 보려는 옛 인심이 지금에 와서 통할 리가 없다. 아마도 아저씨는 마을에 TV 몇 대로 살던 '70년대 사람일지 모른다. 이웃들과 둘러앉아 연속극을 같이 시청했던 '여로'를 경험한 세대일 것이다. TV가 있는 집에 오도록 해 주는 것만으로도 영광이던 때처럼 틀어놓은 음악을 공으로 들려주려는 아저씨의 인심이 넉넉하다. 녹음기를 휴대하고 산에 오른 이의 성의가 놀랍지 않은가? 착한 보시와 성가신 멸시가 같은 거리에 있는 줄도 모르고.

내게 좋다고 다 좋으면 얼마나 좋을까. 아저씨의 나눔의 정은 참으로 순박하고 아름다우나 듣는 이는 산에까지 따라온 소음으로 여긴다. 같은 꼬리를 움직여도 들고 내림의 의미가 서로 달라 만나면 싸우는 짐승이 있다. 개와 고양이다. 개는 기분이 좋으면 꼬리를 올리지만, 고양이는 화가 났을 때 올린다. 개가 기분이 좋아 꼬리를 흔들면 고양이는 개의 분노를 보는 양하여 싸울 준비를 한다. 산속에서 같이 듣자며 크게 노래를 틀고 걷는 음악 보시가 결코 참을 수 없는 고통이 될 수도 있다는 것을 인정 많은 산 사나이가 어떻게 알랴. 시대에 따라 베풂도 달라진다. 모두가 같을 수야 없겠지.

건망증과 치매

망각은 신이 내린 축복이라며 마냥 기뻐할 일이겠는가? 소중한 것을 잊고 지나 버렸음을 알았을 때 나는 얼마나 깊은 자괴감에 빠졌던가. 부모님 기일을 깜빡해 버린 일이나 평생을 지니고 다녀야 할 결혼 시계를 세면장에 영원히 풀어놓아 준 일 등은 용서받지 못할 것이다.

민원실에서 차례를 기다리다 신분증 때문에 다시 집으로 돌아가야 했던 일은 생각만 해도 머리가 더워진다. 이제는 빈도가 잦아져서 승차권 없이 버스에 오르는 일도 있다. 다행히 기사님이 다음 정류장에서 내려주어 큰 시비는 면했다. 이런 수모와 낭패는 건망증이란 이름으로 누구나 치르는 번거로움인 양 웃어넘긴다.

정신과 대기실에는 치매에 대한 문진표問診表가 붙어있다. 항목

중에는 얼마나 자주 잊어버리는지에 대한 건망健忘 빈도수를 묻고, 그 빈도수 결과로 치매와 상당히 결부시키고 있다. 치매와 건망증은 별개의 것이라 하면서도, 의사들의 접근 방법은 치매와 건망을 사촌 간으로 놓고 있어 은근히 상담자를 불안하게 한다.

증상(인지기능 변화) 중 가장 먼저 항목이 ① 기억력 저하 : 최근의 일이나 사건에 대해 기억을 하지 못한다. ② 언어기능 저하 : 사물이나 사람 이름이 기억나지 않는다. ③ 시간 인지능력 저하 : 날짜와 시간에 대한 감각이 없다. ④ 시공간 능력 저하 : 자주 다니던 길을 잃고 헤맨다. ⑤ 수행능력 저하 : 집 안의 간단한 도구를 다루지 못한다. 여기에 해당하지 않는 사람이 과연 얼마나 될까? 귀신이야기 듣고 밤길 나서면 제 그림자 속에도 귀신이 달라붙어 있듯 전혀 관계가 없다는 질문들이 공연히 마음을 쓰이게 한다.

잊어버린다는 것은 결코 축복이 될 수 없다. 망각이라는 것은 벼농사에 가라지가 붙듯 우리가 피하지 못할 부분이어서 차라리 축복이라 부르며 체념하려는 편이 아니겠는가. 괴로움이나 슬픔마저도 잊어서는 안 되는 경우가 있다. 자식을 가슴에 묻어 놓은 부모나, 칠전팔기의 투지로 와신상담 일어나는 이에게 패배의 아픔이 그러하다. 이념 논쟁이 혼탁해질수록 잊지 말자던 6·25 동족상잔同族相殘의 아픔 또한 그러하리라. 그러고 보니 일부러 잊을 것이란 없을 것 같다.

우리 두뇌를 컴퓨터에 비유한다면 기억은 저장된 메모리를 '불러오기' 하는 일이다. '휴지통 비우기'나 '삭제'가 있을 것이나 그것은 컴퓨터의 부가기능이지 주 기능이 아니다. 깜빡깜빡하는 건망증은 컴퓨터에 갈무리했던 자료들을 날려 보냈을 때처럼 속상하다.

담뱃대를 들고 담뱃대를 찾는 사람이 있었다. 손이 뒤로 가면 "내 담뱃대 어디 갔소?"라며 찾고, 손이 앞으로 오면 "내 담뱃대 여기 있었구나!"라고 했단다. 지독한 건망증 증세다. 애를 업고 애 찾는다는 말도 뿌리가 이와 같은 것 같다. 요즈음의 내 전력前歷으로 보면 이런 이야기가 남의 일 같지가 않다.

웃어넘길 일이 아니다. 헐렁하게 나사 빠진 사람이 되지 않기 위해 챙기기 수칙을 세운다. 밖을 나설 때는 교통카드 잘 챙기기, 구청이라도 가려면 주민등록증 잘 챙기기, 은행에는 통장, 도장 잘 챙기기, 어디 가서 사람 행세하려면 지갑에 낱푼 정도는 챙기기…….

열쇠를 자주 잃어버리다, 열쇠가 무엇에 쓰이는지 모를 정도로 무관심해져 버리면 치매란다. 두 가지는 그리 먼 거리에 있는 것이 아닐 성싶다. 정신 바짝 차려도 혼 빼 가는 세상에 편안히 맥 놓고 살 나이가 아닌 것 같다. 꺼진 불도 다시 보아야 할 때가 되었다.

곰팡이

곰팡이에게는 장마가 제철이다.

세탁소에 맡겼던 겨울옷도 안심 못하며 옷과 옷 사이에 신문지를 끼워 놓아도 효과가 없다. 물론 장롱 아래 칸에는 물 먹는 하마가 있다만 하마는 아래쪽에서 물만 먹고 있을 뿐 곰팡이에게 마땅한 적수가 되지 못한다. 무슨 수를 쓰더라도 곰팡이를 따돌릴 재간이 없다. 반갑지 않은 것일수록 생명이 질기다.

곰팡이는 명품을 좋아한다.

머리가 둔한지 보석은 돌로 보고 쳐다보지도 않지만, 여타의 것들은 입대지 않는 것이 없다. 장마철 곰팡이는 겨울 염소 같은 식성을 가지고 있다. 귀한 것일수록, 아끼는 것일수록 빨리 먹어 치운다. 단벌 신사의 겨울 양복이나, 신줏단지처럼 모셔놓은 가방이나 목도리 심지어는 가죽 잠바까지 이들의 밥이다. 귀한 집 외동아들이 꼭 사고에 끼어들 듯, 꼭꼭 싸서 장롱 속에 깊이 감추어 둔 귀한 것일수록 곰팡이 몫이다.

곰팡이는 사람에도 핀다.

일확천금을 노리거나 승승장구 가도를 달리는 잘나가는 청춘일수록 곰팡이 밥이다. 밝은 곳을 싫어해서 음습한 곳에 숨어들어 마당발이나 통 큰 손을 기다린다. 사내들은 양지에 살면서도 마음은 늘 습지여서 곰팡이 서식지로는 안성맞춤이다. 점잖아 보일수록 더 엉큼하고 엉뚱하여 겉과 속이 다르다. 곰팡이는 엉큼한 아저씨들을 좋아한다.

곰팡이는 음지에 서식한다.

검은돈이나 여자에게 핀 곰팡이는 특히 경계해야 한다.

돈에 눈먼 사람은 이것에 붙은 곰팡내를 알아채지 못한다. 돈도 세탁한다니 색깔만 보고 먹을 수 있는 누룩곰팡이로 알았다는 큰 코 퀜다. 남녀의 부적절한 관계도 돈에 못지않은 곰팡이투성이다. 베일에 가릴수록 더 위험하다. 추락하는 것에는 반드시 날개가 있다. 한 때는 날개를 달고 훨훨 날던 사람들이 추풍낙엽으로 떨어진다. 푸른 집에서 위세를 떨치는 욱일승천의 용일수록 몸에다 향수 대신에 곰팡이 방지용 나프탈렌을 품에 넣고 다녀야 한다.

매스컴은 곰팡이를 은근히 즐긴다.

곰팡내가 많이 날수록 읽을거리가 풍성하다. 며칠간을 우려먹어도 질리지 않는다. 지체 높은 분들이 세상의 웃음거리가 되고 공든 탑이 무너져 내리는 소리가 요란하다. 횡령한 돈이 억대를 넘지 못하거나, 추문의 연결고리가 푸른 기와집에까지 닿아있지 않으면 기사를 싱겁다 할 것이다. 세상에는 공짜란 없다. 미끼를 끼우지 않은 채 낚싯바늘을 물에 드리우지 않으리라. 벼랑에서 추락하는 높은 사람들의 불행을 바라보며 보상심리를 가지는 서민들의 고약한 마음도 역시 곰팡내가 난다.

장마철에는 자고 나면 비, 비 오고 나면 다시 비니 몸도 마음도 눅눅하다.

곰팡이가 슬기 시작하면 '팡이제로'로도 나프탈렌으로도 말을 듣지 않는다. 옷은 물론이고 우리들의 마음도 짬짬이 햇볕에 말려주어야 할 것 같다. 곰팡이가 좋아하는 습도와 온도를 미리미리 차단해야 할 것이다. 우리는 개미 없는 곳으로 소풍 갈 수 없듯 곰팡이를 떠나 지구에 살 수가 없다. 곰팡이 포자는 대기 속에 늘 존재하고 있어 언제든지 다시 살아날 준비가 되어있다. 소리소문 없이 점령해 버리는 곰팡이 군단, 나는 새도 떨어뜨리는 녀석이 곰팡이다.

그렇게 깊은 뜻이

목성균 선생은 그의 저서 『명태에 관한 추억』 속에서 아내와의 관계를 이렇게 설명하고 있다. '아내가 책을 내라고 성화를 했다. 애들처럼 자랑하고 싶어서인지 모른다. 아무것도 자랑할 것이 없는 남편의 생애에서 그거나마 자랑감으로 들어보고 싶은 아내의 마음'으로 표현해 놓고 있다. 그에게 아내는 어용御用 검열관이란다. 무조건의 칭찬이 그를 행복하게 할 뿐더러 글을 쓰게 하는 원동력이라고 고백한다.

내 글은 아내에게 자랑이 되지 못한다. 내가 쓴 것들은 글 나부랭이가 되어 천덕꾸러기다. 황칠이나 낙서 수준이어서 아내의 심사審査에는 문학이란 관문을 넘기는커녕 예선통과도 못 한다. 낙서나 하는 주제에 글을 빙자하여 밤잠을 설치고 있는 꼬락서니를 좋게 봐 줄 수가 없다. 가장 큰 비극은 새로운 작품집이 나오는 날에 있다. 한 사람을 향해 일제히 김 빼기 작업을 한다. 다시는 책 소리가 입에서 나오지 않도록 다음 해를 대비한 단속이 시작된다. "이게 마지막이라 약속해 주시오." 책과 더불어 죽는 시늉이라도 해야 가정이 화목해진다. 내 글은 겨울을 나는 보리밭 같다. 아내가 잊지 않고 자주 밟아 주어야 뿌리를 강하게 내릴 것이다.

수필이란 식구에게 매력이 없다. 소재니 주제니 하면서 툭하면 집안일이나 가족사를 시시콜콜 파헤치고, 정직하게 쓰는 글이 되어야 한다며 사돈 팔촌 이야기까지 남아나지 않으며, 고백적 문학이라며 팔푼이처럼 제 얼굴에 침이나 뱉고 돌아다니고, 서정적이어야 한다면서 옛 고향 집 능수버들까지 글 소재로 팔아먹고 있었으니 나도 아내 앞에 죄 없다는 소리는 하지 못할 것이다. 좁은 평수의 아파트에 한솥밥을 먹으며 풍상고초를 겪어가며 40년을 동고동락하는 마당에 무슨 이야기 할 것이 따로 있어 내 책에서 신기한 것을 찾아내겠는가? 아내를 위한 읽을거리를 따로 장만할 수도 없고, 여자의 마음을 울리는 감동적 드라마를 연출할 줄도 모른다. 짧은 재주로는 불감당이다. 살 붙이고 살다 보면 부부란 얼굴만 보아도 마음을 읽는 사이인데, 별도로 문학이란 도구를 이용해 유대를 증진할 방도가 있겠는가. 설령 삼국지 같은 긴 사연을 늘어놓는다 하더라도 그것은 공허한 수다에 불과하리라. 아내는 결코 내 글을 자랑삼지 않을 것이다.

지난번에는 책 제목에서 잠깐 득을 보았다. 『말을 타고 쓰다』 라고 했더니 승마도 하지 않는 사람이 무슨 허풍을 떨었는지 궁금해서인지 책 표지를 들춰보는 성의를 보였다. 혹시 마음이라도 넓어졌을지도 모르겠지만 어설픈 기대는 금물이다. 책을 넘긴 시간은 아무리 길게 잡아도 일 분을 넘지 못했다. 후루룩 국 국물 한 모금 들이켤 순간이다. 다시 추달推撻이 시작된다. 거두절미하고 내년에도 다시 책을 낸다면 바로 당일 분서갱유를 각오해야 한단다. 진시황이여, 이럴 때 옛 선비들은 어떻게 살아남았을 수 있었을까.

톨스토이의 아내, 소크라테스, 모차르트, 공자, 이퇴계 선생의 아내를 생각해 본다. 이들의 눈에 비친, 가까이서 본 남편이란 존재는 비루하기 짝이 없었다. 환영받지 못하는 남편이라는 점에서는 나도 이들과 나란히 어깨를 겨룰 수 있다. 이런 면에서 나는 희망적이다. 아내의 수모라는 공통분모 하나를 가졌으니 이것이 그동안의 창작활동에서 얻은 가장 큰 성과다. 역사에 큰 인물치고 고분고분하게 내조를 얻어낸 사람이 몇이 있었던가? 아내가 주는 시련이나 구박은 오히려 큰 그릇으로 향하는 수양의 길이 아니었던가. 아내여, 당신의 힘으로 나는 큰 작가가 될 수 있을 것이다.

아내의 속셈은 무엇일까? 악처가 좋아 악명을 날리겠다는 걸까? 아니다. 그 속을 내가 먼저 헤아린다. 글 쓰는 꼴이 보기 싫다는 강렬한 반응 뒤에는 무엇을 크게 숨기고 있다. 사랑의 반대는 무관심이다. 그가 택한 것은 무관심이 아니라 극렬한 관심이다. 지독한 반대는 그만큼 큰 관심을 뜻한다. 악처로서 해야 할 역할은 분명히 고의성이 짙다. 남편의 건강을 챙기기 위해서다. 그녀인들 어찌 어용 평론가로서 칭찬 일변도의 내조를 해 주는 부도婦道를 모르고 있으랴.

나에게 있어서 글쓰기는 늦게 배운 도둑질이다. 날 샐 줄 모르는 어설픈 도둑임을 아내가 알고 있다. 재미에 빠져 주위 사람들에게도 관심이 없어지고 점점 나홀로족이 되어가는 것을 걱정하고 있다. 귀가 여려 잘 썼노라며 조금만 추임새를 넣어도 자만에 빠진다. 변변치 못한 사람이 무식하게 용맹정진하다가 제 명대로 못 살 것이라는 생각을 하고 있다. 지난봄 앓았던 대상포진이란 병도 글쓰기 때문이다. 특히 그녀가 싫어하는 나의 저술에 대해서는 두 가지 불만이 있을 것이다. 하나는 글을 써 모아야 하는 일 년간의 노력이 한심해 보이는 것이요, 다른 하나는 돈 때문이다. 일 년에 한 번씩 밑 빠진 독에 물을 붓고 있다. 출판명세표는 없는 집 제사 닥치듯 돌아왔고 남편은 자숙할 기미를 보이지 않는다. 차근차근 대화조차도 어려우니 아내가 쓸 대응책이라면 철저한 냉대로 빨리 링 위로 타월을 던지려는 권투 매니저의 심정이 아니겠는가. 남편을 위해서라면 스스로 악처를 자처할 사람이다.

생각해 보니 나를 위한 배려가 가상嘉尙하다. 당신을 악처로 밀어 넣고, 그래서 내가 역사적 인물이 되면 무엇 하나. 내 아내를 크산티페(소크라테스의 아내), 콘스탄제(모차르트의 아내), 소피아(톨스토이의 아내)처럼 악처 반열에 올리기보다는 나는 차라리 위인 대열에서 뛰쳐나와 이들 악처 뒤에 기록될 내 아내의 이름부터 지워 달라고 사정할 것이다.

기저귀를 치우며

제 똥 구린 줄은 모른다.

손자에게도 해당하는 말이다. 물론이겠지, 새끼 똥이 자기 똥인데. 원래 제 자식 것은 모두 단 법이야. 그게 자연의 법칙이거든. 내림한 핏줄이니까.

아내는 유아원 원장쯤이다.

이곳저곳 머물면서 주로 유치원 이전의 어린 손자들을 돌봐온다. 실력을 인정받아서인지 어느 때는 외국 원정까지 가야 했다. 어설픈 도우미는 곁에 두지 못하는 성미여서 늘 북과 장구와 꽹과리를 혼자 쳐야 직성이 풀린다. 나 같은 조수는 있으나 마나다.

화장실에서만큼은 내 손을 빌려야 한다.

한 손에 아이를 붙잡고 다른 한 손으로는 수도꼭지에 물을 흘려내리며 똥꼬를 씻긴다. 조수도 등장하라는 신호는 반가운 부름이다. 하루에 한 번쯤 불러주는 것이어서 전혀 찾지 않는 것보다야 존재감이 있어 훨씬 낫다. 조수는 아이의 것을 잔칫상에 올린 상차림 음식인 양 귀하게 여긴다. 색깔도 보고 크기도 보고 혹은 소화를 못 시키고 그대로 나온 것은 없는지를 살핀다.

영화 '광해'에 임금님 큰일 보는 장면이 나온다.

매화틀이라는 이동식 좌변기에 변을 보면 어의御醫가 모양과 냄새, 그리고 맛을 봐서 임금의 건강을 살핀다. 할아버지에게는 손자가 왕 못지않게 소중하다. 손자를 왕으로 보니 기저귀 담당은 저절로 어의가 된다. 동의보감 맨 첫 장도 들여다보지 못한 주제에 할아버지 감투가 상당하다. 자기표현이 정확하지 않은 두 살배기 손자의 건강상태를 기저귀를 통해 살핀다.

성격 참 좋아졌다.

아래것 이야기라면 밥 먹다가도 숟가락을 놓지 않았던가.

발작적인 구토로 이어지던 때와는 사뭇 다르다.

손자와 같이 식사한다.

무르팍 위에 앉혀놓고 이것저것을 먹인다.

할아버지와는 양이 서로 다를 뿐 먹는 종류는 같다. 신체 내부에서 돌아가는 공장은 크기만 다르지 같은 처리 과정을 거친다.

시스템이 같으니 결과물이 어찌 다를 수 있겠는가. 손자 것이 곧 내 것이다. 세상에 제 것 더럽다는 사람은 못 봤다. 기저귀에 벌려 놓은 큰일을 변기에 쏟아 붓고 기저귀는 종량제 봉투에 넣는다.

"오늘은 황금 변이었어!"

원장 선생은 내 말에 반응이 없다.

조수가 점점 프로가 되어가는 것이 고맙기는 하지만, 내가 쓴 어의 감투가 도무지 당찮아 보이는 모양이다.

글쓰기, my way

재미에 푹 빠졌다. 그 깊이가 어디까지 인지 알 수가 없다. 무엇에 미치면 훤히 보이는 길도 당사자에게는 보이지 않는 법이라더니, 이 무더위 속의 삼매경이 과연 옳은 것인지는 자신도 모르겠다. 모두가 별 볼일 없을 짓이라 하더라도 지금 내게 뵈는 유일한 길은 글쓰기뿐일 것이다.

글은 양으로 평가되지 않음을 잘 알고 있다. 그러나 다작, 다독, 다상량多想量이란 관점에서 본다면 양이 선행되지 않으면 숫제 질에 대해 기대를 할 수 없다고 생각한다. 한 가지 위로 삼을 일은 작가의 손에서 나오는 작품이 늘 대작일 수는 없다는 것이다. 유명작가도 많은 작품 중 몇 개가 뛰어나 세인의 인정을 받을 뿐이라 한다. 셰익스피어의 소네트sonnet가 훌륭하다 해도 그가 쓴 150편 중 겨우

열 손가락 미만의 작품이 명작일 뿐이며 나머지 1/3 이상은 중등학생 작문 수준에나 견주어도 좋을 볼품없는 것들이라고 한다.

일 년에 책 한 권을 목표로 삼고 글을 쓰고 있다. 이러한 다작에서 내 글에선들 어찌 중등학교 작문 같은 아류들이 없으랴. 글쓰기란 곧 말을 글로 옮겨 놓은 교술教術이 아니던가. 말이 많으면 실수가 많은 법이니 더러 쓰기에만 몰두하다 보면 앞 작품에서의 논리와 뒤 작품에서의 주장이 상반되기도 하고, 경우에 따라서는 했던 말을 다른 곳에서 중언부언하는 때도 있을 것이다. 작은 틀에서는 다소간 무리가 있을지라도 큰 틀에서는 글쓰기 탄력을 더 중시하며 작품의 질을 높이겠다는 생각에 시간의 고삐를 바짝 죈다.

글은 정년퇴직 후 소일거리로 쓰는 것이 아니라고 했다. 내 글은 지금 소일거리가 아닐까? 무언가 업적을 남기려 드는 일종의 노욕勞慾의 행태를 보여서는 안 된다고 했다. 나는 지금 과욕을 부리고 있는 것이 아닐까? 단호하게 아니라고 답을 내지 못하는 것을 보면 소일거리가 되었거나 작가로서의 성공을 은근히 욕심내는지도 모르겠다. 늘그막 글을 써야 하는 이유에 대해서만큼은 똑부러지게 명분을 세우지 못한다. 지금까지 현업에서 분주하게 살아온 사람이 하는 일 없이 놀고 있다는 말을 듣고 싶지 않아, 만만하고 애꿎은 문학을 잡고 늘어지고 있지는 않은지 스스로 반문해 볼 때가 한두 번 있었기 때문이다.

내가 존경하는 작가는 목성균 선생이다. 그는 살아생전에는 거의 알려지지 않았던 작가다. 25년간의 산림 직 국가 공무원으로 봉직, 퇴직한 후 57세에 등단을 하게 되며 문사로서의 활동이 10년이 채 못 되어 생을 마감하지만, 수필 문단에 큰 획을 그은 인물이다. 이 작가를 존경하는 이유는 그의 작품성향을 따르고자 하는 후학으로서의 열망도 담겨 있지만, 동병상련의 애정으로 문단에 늦깎이 등단을 했다는 점에서다. 문학평론가 김종완 선생은 가장 안심하고 추천할 수 있는 작가로 목성균을 꼽는다. 그는 목성균을 '현대수필이 갖추어야 할 덕목을 가장 잘 갖추고 있으며 가장 수필다운 수필을 쓴 작가'로 칭송하고 있다. 비록 등단 시기는 늦었지만 짧은 시간의 왕성한 작품 활동으로 다른 작가들이 미치지 못할 글들을 썼다는 점에서 남다르다.

나는 선생보다 10년이 더 늦은 나이로 등단했다. 그분을 늦깎이라고 부른다면 너무 늦어 알맞은 용어조차도 찾을 수 없다. 어느 글 모임에서 "저는 갈 길이 무척 바쁜 사람입니다."라고 소개를 한 적이 있다. 갈 길이 바쁘다는 말은 물리적인 의미나 단순한 세월을 의미하지는 않는다. 그 길은 목이 말라 갈증을 풀기 위해서 서둘러 가야 할 문학의 길이다. 약간의 재능과 상당한 취미 그리고 강한 열정이 나를 이 길로 내세운다. 공들인 시간과 노력이 절대 헛되지 않은 길이 될 것이라는 믿음에 오늘도 나는 쓰고 지우기를 반복하고 있다.

2
남산동 매미

세상이 좁다고 설치던 시절에 자주 남산동 땅 집에 들락거렸다. 성냥개비 코에 꽂고 꽃방석 구겨 등에 업고 곱사춤 굿거리장단에 띵 가당 거렸다. 열기가 달아올라 30도를 넘기면 일제히 매미가 되어 울었다. 유성기留聲機는 죽고 육성기肉聲器는 신 나게 돌아가고, 막걸리 몇 순배 더 돌면 자정 넘어서까지 소리가 넘쳐났다. 처음엔 좋아라 놀고 그러다 덥다고 징징거리고 막판에는 서럽다 울었다

꽃보다 개

꽃을 든 여인이 아름답다고 했다.

애완견을 안고 있는 이는 꽃보다 더 아름답다. 동물을 사랑하는 사람치고 악인이 있을 수 없다고 하지 않았던가. 주인의 가슴팍에 밀착하여 졸음에 겨운 눈을 한 작은 동물, 아무리 모진 사람이라도 이런 모습 앞에서는 마음이 평화로워질 것이다.

개는 주인의 매력 포인트가 되기 위해 꽃으로 피어난다.

지지 않는 꽃이 되어 여인의 가슴에 사철 머문다. 견인동체犬人同體라고 해 두자. 주인은 본인 치장보다 애완견에 공을 더 들인다. 개들이 입고 있는 옷들이 어지간한 어린이들보다 더 개성이 넘치고 화려하다. 등받이 형태의 보온대도 볼거리지만, 자그마하게 지어 신긴 가죽신에 자꾸 눈길이 간다. 개에다 눈 맞추다 혹시 빗나

가는 시선이라도 있으면 주워 담아 보려는 심사일지도 모르겠다.

발목을 깡총하게 다듬어 올린 털깎기도 멋있고 귀 머리를 형형색색으로 물들인 모습에서는 젊은 주인님의 머리카락 색깔이 조화를 잘 이룬다. 빨강 머리의 '앤'이 생각나면 개에다 빨간색을 들이고 말괄량이 '삐삐'를 해 주고 싶으면 두 가닥으로 묶는다. 목욕을 시키고 잘 빗질한 놈은 발삼balsam 향수까지 풍겨 대신 한번 안아주고 싶다는 충동을 느끼기도 한다. 나비넥타이나 리본은 사치가 아니라 기초화장쯤에 지나지 않는다. 돌아가는 세상은 개판이라 욕들을 하지만, 정작 견공들에게는 요순시대여서 살맛이 날 것이다.

개란 사철을 홑겹 하나 걸치지 않고 맨발로 뛰어다닌 동물이 아니던가. 이런 놈을 술 단지 싸듯 둘러싸고 보듬어 놓으니 감기가 잦을 수밖에 없다. 염려도 잠깐이다. 도시에는 어지간한 시골 보건소보다는 더 흔하고 가깝게 동물병원이 있어 개들은 의료 서비스를 누린다. 유모차에 누워 주인과 같이 산책을 나온 견공도 있다. 아기 띠를 앞쪽으로 매고 나오는 이도 있다. 서양식 이름으로는 베이비 캐리어다. 강아지가 포대기 속에서 고개를 도란거린다. 특허 깜 아이디어가 아닐까 싶다. 처음에는 기겁했지만 자주 보고 낯이 익으니 오히려 주인의 재치가 돋보이고 상상을 초월한 동물애호정신을 존경할 뿐이다.

일찍이 개를 반려동물이라고 했다. 요즈음 들어서는 더욱 그러하다. 나이가 들면 부부간은 따로 방을 사용하는 이가 많아지지만 개는 그 반대다. 품고 다니고 사랑받고 하는 것은 자식보다, 남편보다도 오히려 개들이고 보면 연적戀敵은 가까이에 있다.

잃어버린 아이를 찾는다거나 치매로 길을 잃었다는 노부모를 찾는다는 전단이 붙어있던 자리에는 십중팔구 잃어버린 애완견을 찾는다는 유인물이 들어섰다. '애타게 찾는다'는 것은 물론이고 '후사하겠다'는 말도 잊지 않는다. 멋진 포즈의 개 사진은 말할 것도 없다. 지금의 우유 팩에 붙어있는 미아 찾기의 광고도 아이들을 밀어내고 개들이 대신할 날도 멀지 않았다고 본다.

내가 아는 친구는 10년 이상 같이 생활했던 개가 죽자 뒤뜰에다 묻고는 묘석까지 만들어 주었다. 묘석에는 사랑하던 개 이름과 출생일, 사망일을 기록해 놓았다. 혹시나 집이라도 팔고 이사를 할 때는 이장移葬이라도 할 거냐는 것까지는 물어보지 못했다. 이럴 정도라면, 구청에다 신고하여 법적으로 반려자의 반열에 올려놓아야 하지 않을까 싶다.

'공원에는 개를 데리고 들어오지 말 것'이라든지 개 그림에 금지의 붉은 빗금을 친 강압적 간판도 사라졌다. 대신에 공원길에 걸린 현수막도 시대감각에 맞게 부드럽고 아름답다.

'주인님, 제 목줄도 응가도 같이 책임져 주세요!'라는 글귀가 나붙었다. 세상은 앙증맞은 견공들 때문에 점점 아름다워지고 있구나 싶다.

불교의 윤회설에 의하면 사람이 죽으면 업보에 따라 다른 무엇으로 다시 태어난다고 했다. 삶에 본전이나 한 사람은 사람으로 태어나지만 그렇지 못한 사람은 짐승으로 환생할 것이란다. 개를 아끼는 지금의 풍속도라면 불교의 윤회 이야기도 고쳐 써야 할지도 모르겠다. 삶에 본전이나 한 사람은 죽어 애완견으로 태어날 것이라며 후한 점수를 주는 방식으로 개의 우선순위를 사람보다 윗자리에 올려다 놓아야 하지 않을까?

애완견을 보는 시각도 달리한다.

세상 곳곳에 있을 헐벗고 굶주리는 사람들에 대한 자선을 먼저 생각하라는 주장은 비좁은 생각이다. 자선도 하고 동물도 사랑해야지 한쪽을 하기 위해 다른 한쪽을 삼가라는 선택의 문제로 볼 일이 아니다. 흔히들 영화 한 편 값이면 최빈국 아이들의 한 달 양식이며, 시원한 수박 몇 덩이 값만 해도 이들의 식수 해결을 해 줄 우물을 팔 수 있다고 하지 않았던가? 맞는 말이지만 사리가 밝은 이야기는 아니다. 문화생활이란 무엇이든 낭비라는 생각에 얽매인다는 것은 배고픈 후진국형 사고방식이다. 개를 통해 울고 웃는 이들에게는 어쩌면 개는 세상을 다 준대도 대신할 수 없는 존재가 아니겠는가?

꽃을 든 여인이 아름답다.

그러나 애완견을 안고 있는 여인은 꽃을 든 이보다 더 아름답다. 그는 세상의 새로운 평화를 안고 있기 때문이다.

남산동 매미

죽으라고 울어대는 매미는 밤낮이 없다. 30도만 넘으면 자동경보기처럼 작동을 한다. 아파트 단지이니 시멘트의 복사열도 높겠다, 조명등은 대낮처럼 밝으니 미물에겐들 어찌 밤이 밤일 수 있을까. 울다 죽자고 작정이나 한 듯 떼 지어 운다.

세상이 좁다고 설치던 시절에 자주 남산동 땅 집에 들락거렸다. 성냥개비 코에 꽂고 꽃방석 구겨 등에 업고 곱사춤 굿거리장단에 띵 가당 거렸다. 열기가 달아올라 30도를 넘기면 일제히 매미가 되어 울었다. 유성기留聲機는 죽고 육성기肉聲器는 신 나게 돌아가고, 막걸리 몇 순배 더 돌면 자정 넘어서까지 소리가 넘쳐났다. 처음엔 좋아라 놀고 그러다 덥다고 징징거리고 막판에는 서럽다 울었다.

땅 집 막걸리 촌은 이제 떵떵거리는 곳이다. 그 자리에 허브스카이Hub Sky라는 기린 같은 놈이 버티어 서고, 구멍 하나에 몇억이 된다는 그린코아Green Core는 마천루가 되어 서 있다. 하나같이 서른 층을 넘는 것들이다. 사람도 인생 역전이 되고 집도 빈촌 역전逆轉이 되어버렸다. 내려다보던 집들이 고개를 젖히고 올려다보아야 한다. 땅 집 있던 자리도, 매미 울던 소리도 기억하는 이는 드물다. 숫제 바깥소리가 들리지 않을지도 모른다. 이중삼중의 방음창 설비야 기본이 아니겠는가.

외씨버선 흰 고무신이 술잔이 되고, 접시는 비행접시가 되어 천장을 날아오르면 취기의 영웅들은 달구벌의 화랑이 되어 천관녀天官女를 찾아 나섰다. 잘나가는 청춘들이었다. 매미만 쳐다보고 사마귀들이 기어올랐다. *당랑박선蟷螂搏蟬을 이제서야 알아듣는다. 모든 것 다 얻은 듯해도, 지금 돌아보니 세월에게 다 털리고 매미 우는 밤이 권태롭고 지겨워진다. 열대야가 기승을 부린다. 비 오듯 쏟아지는 매미 소리로 잠이 쉽지 않을 것 같다. 나도 매미들과 더불어 같이 울어나 볼까? 아니야, 지금 그때의 그 사람들은 대부분 e-편한 세상에서 잠들어 있을 것이다. 울어라, 그러면 너 혼자만 울고 있을 것이다.

* 당랑박선蟷螂搏蟬 : 『장자莊子』 산목편山木篇
소리치는 매미, 이를 노리는 사마귀, 그 사마귀만 보고 날아든 까치, 그 까치에 화살을 겨누고 있는 장자.

나중은 없는 시간이다

노트 정리를 꼼꼼히 해 둔 유학생이 있었다. 내심 귀국 후 생활이 안정되면 시간을 가지고 찬찬히 더 공부해 볼 생각이었다. 불행하게도 학생은 귀국길에 풍랑을 만나 그 많은 기록을 바닷물에 버려야 했다. 결국, 나중에 해 보겠다는 글공부는 물거품이 되었다.

나의 여행 성미도 이 유학생과 비슷했다. 언젠가 꼼꼼히 다시 살펴보겠노라며 가는 곳마다 안내책자를 챙기고, 입장티켓, 기차표는 물론 심지어 낯선 음식 이름을 기억하기 위해 메뉴판에다 동그라미를 쳐 가져오기도 했다. 이번엔 시간이 없었지만, 나중에 충분히 시간을 내서 다시 와 보겠노라는 생각도 있었고, 남에게 자랑삼기 위한 꿍꿍이속도 있었다.

세월이 가면 구질구질한 살림살이들을 수시로 솎아내야 한다. 제일 먼저 손을 써야 할 것들이 옛날에 입던 옷과 읽던 책이다. 나중에 입을 수 있으려니 하지만 유행이 지나서 입지도 못할 뿐더러 바자bazaar 회에 기부하려 해도 퇴짜를 맞는다. 결국, 재활용 용기에 내다 버린다. 서재에 늘어놓은 책도 필요할 때 수시로 펼쳐보겠다는 욕심을 가지지만, 정작 자료가 필요할 때는 체계적으로 활용할 수가 없다. 먼지 쌓인 것들을 뒤적이기보다는 오히려 인터넷 검색이나 도서관을 향하는 것이 더 빠르다.

비닐봉지에 넣어 들쭉날쭉 쌓아 놓고 있는 기념품도 예외가 아니다. 무엇 하겠다고 콧구멍만 한 방 안에 신줏단지로 모셔두어야 한단 말인가? CD나 녹음테이프로 된 전통음악도 있다. 자기 나라 노래도 제대로 모르는 주제에 언제 시간 내서 남의 나라 노래 듣고 있겠는가. 면세점에서 방문 국 인기가수의 노래를 고르다 비행기를 놓칠 뻔한 해프닝도 있었으니 그런 허세를 지금에서야 코웃음 친다. 간 곳보다는 못 가본 곳이 더 많다. 여유가 생긴다면 가본 곳을 다시 가겠는가? 아니면 가보지 않은 곳을 찾아 나서겠는가? 세월의 속도를 보면 그럴 여유가 없다. 버릴 작정으로 한 곳에 쏟아 부으니 공연한 허영과 욕심들의 잔해가 머리 푼 귀신처럼 어지럽다.

좁은 공간에서 구닥다리 짐에 묻혀 고생 많이 했다. 지금은 배가 요동칠 때마다 짐들과 별거를 선언해야 한다. 추억만 간직하고 증거는 지운다. '언제', '어디서', '누구'와 '무엇'을 하였다는 것이 그렇게 중요하지 않아진다. 여행의 기쁨은 떠나기 전에 들떴던 마음이나, 낯선 곳에서의 설렘만으로도 충분하지 않았던가.

유학생이 보따리를 가지고 무사히 바닷물을 건널 수 있었다 하자. 후일 그가 자신의 노트를 다시 볼 것이라는 보장은 없다. 관광이란 늘 새로운 곳이고 촉박한 법이어서 사전 예습 복습을 하고 떠나지는 못한다. 거추장스러운 것들을 걷어내며 몸무게를 줄이고 있다. 나중에 보자는 것은 자신에 대한 기만이며 치근덕거림이다. 나중이란 시간은 세상에 없는 시간이다.

나는 중산층이다

인터넷 읽을거리의 신빙성을 6:4 정도로 보고 있다. 특히 가십성 이야기는 믿을 거리가 못되어 심심풀이 땅콩 정도로 생각해야 할 것이다. 그러나 때로는 변죽을 울려서 중심을 때리는 순기능도 많아 귀에 담아 볼 이야기가 더러 있다. 좋은 의도를 가지고 공익을 위해 전하는 이야기에는 작성자가 누구이든, 사실 여부가 어떠하든 간에 뜨끔하게 우리의 양심에 대침을 놓는 것들이 더러 있다. 중산층에 관한 기준이 그러하다.

직장인 대상 설문 조사 결과 우리나라의 중산층 기준을 다음과 같다고 소개하고 있다. '부채 없는 30평대 아파트에 살면서 월급은 500만 원 이상, 자동차는 2,000cc급, 은행 통장 잔고는 1억 이상을 가지고, 1년에 한두 번은 국외여행을 다녀와야 한다.' 어떤 이는 뜬구름 잡는 이야기라며 웃겠지만 어떤 부류는 그 정도라면 나도 중산층이라며 자신만만해 할 것이다. 나는 이 기사를 읽고 분노했다. 아래에 소개하는 서구의 기준과 우리 것이 너무 이질적이고 동떨어져서 마치도 고의적으로 자신을 경제동물로 자학하고 있다고 보았기 때문이다.

영국 기준은 옥스퍼드 대학에서 내놓은 것이다. 물론 대학에서 제시하는 것이라서 직장인을 대상으로 한 우리 것과는 조사표본이 다르다고 말할 수 있겠지만, 이들이 제시한 중산층의 기준은 역시 영국신사답다는 생각이 들게 했다. '페어플레이를 할 것 / 자신의 주장과 신념을 지닐 것 / 나만의 독선을 지니지 말 것 / 약자를 두둔하고 강자에 대응할 것 / 불의, 불평, 불법에 의연히 대처할 것' 등이다. 이것들은 우리도 추구하는 보편의 가치들이지 그들이라고 별나게 하고 있는 것들이 아니었다. 단지 돈에 관한 이야기가 단 한 줄도 없었다는 것 외에는.

프랑스의 퐁피두Pompidou 대통령이 말한 기준은 다음과 같았다. 문화 강국의 수장이 하는 말이니 눈높이에서부터 큰 차이가 있을 수 있겠지만, 이 나라는 대통령이라고 일반 국민하고 동떨어진 삶을 사는 동네가 아니어서 귀담아들어 볼 필요가 있다. '외국어를 하나 정도 구사하여 폭넓은 세계 경험을 갖출 것 / 한 가지 분야 이상의 스포츠나 악기를 다룰 것 / 남들과 다른 맛을 낼 수 있는 별미 하나 정도는 만들어 손님 접대할 줄 알 것 / 사회 봉사단체에

참여하여 활동할 것 / 남의 아이를 내 아이처럼 꾸짖을 수 있을 것' 등이다. 이 또한 교양강좌 때마다, 신문사설마다 넘쳐나는 이야기들이어서 우리가 추구하는 것이나 프랑스 대통령이 내세운 것이나 하나도 다를 바 없다. 특히나 마지막 구절에서 남의 아이를 내 아이처럼 꾸짖던 우리 사회 풍토로 보면 우리가 프랑스보다야 한 수 위일 것 같다는 생각이 든다.

미국인만큼 경제에 밝고 실리를 추구하는 국민도 없다. 따라서 미국은 우리보다 더 넓은 평수의 주거와 월급과 자동차와 은행 잔고를 말할 것 같았지만 그렇지 않았다. 여타의 유럽 국가들과 큰 차이를 보이지 못했다. 미국 공립학교에서 가르치는 중산층의 기준은 다음과 같다. '자신의 주장에 떳떳하고 / 사회적인 약자를 도와야 하며 / 부정과 불법에 저항하는 것 / 그 외 테이블 위에 정기적으로 받아보는 비평지가 놓여있을 것' 등이다. 우리만 너무 솔직하게 속내를 드러냈을 것이라는 생각을 했다. 누워서 침 뱉는 일이다. 인터넷이야 사통팔달로 뚫어진 것이어서 어느새 말이 새나가 한국인의 가치관이라며 고소하게 인용하고 있는 나라가 많을 것이다. 유대인들이 경제적 동물이라는 누명을 뒤집어썼듯, 이 불명예를 우리가 대신하게 될 것이라는 걱정을 미리 해 본다.

우리나라는 세계 10대 경제 대국이다. 아울러 이에 못지않은 문화선진국 대열로 발돋움하고 있다. 개인소득에서는 차이가 날지 몰라도 소비 생활은 단연 선진국에 진입한 지 오래다. 주거며 자동차며 국외여행 등에서는 가까운 일본이나 앞서 예를 든 영국, 프랑스에 못지않은 두꺼운 중산층이 형성되어 있다고 보아도 좋을 것이다. 먹고사는 데는 동서양이 크게 다르지 않다. 이미 대한민국은 세계 10위권의 경제 대국이면서 문화대국이다. K-Pop의 열기는 세계를 열광시키고 있고, 김치와 비빔밥이 세계적인 음식이 되었으며, 가수 한 사람의 역할로 말춤이 세계의 춤이 되어버렸다. 잘산다는 의미로 쓴 웰빙Wellbeing은 우리가 만든 단어이면서도 영어권으로 수출되어 미국에서도 쓰고 있는 우리식 콩글리시다. 우리가 하는 것이 곧 표준이 되는 시대가 왔다.

배고픔은 지구촌 어디에도 있다. 미국 수도 워싱턴 기차역에서 걸어 나오기가 무섭게 맞닥뜨리는 것은 노숙자[Homeless]들이다. 이들조차도 먹여 살리는 일은 매우 중요하다. 그러나 한 사회가 지향하고 있는 것은 전체가 바른쪽으로 갈 수 있도록 방향타를 잘 잡아주는 일이 더 중요하다. 경제논리만을 편다면야 미국이 우리보다 훨씬 앞서 실용주의를 선택했던 나라였으니 제일 먼저 아파트 몇 평짜리부터 말문을 열었어야 옳았다. 그러나 그들은 '자신의 주장에 떳떳하고 / 사회적인 약자를 도와야 하며'로 시작했다. 이제는 우리도 먹고살 형편이 되었으니 이웃 나라 것도 곁눈질해 가면서 살아야겠다. 중산층 하나 정의하는 그만한 일로 은행 잔고까지 들먹여야 하겠는가. 부디 신사 나라 체면 좀 살렸으면 좋겠다. 모두가 길이를 재서 내놓는데 우리만 유독 발가벗기고 몸무게를 달아 세상에 공표할 이유가 어디 있었을까?

예부터 내려오던 선조의 가르침이나 가치관들이 어느 것 하나 서양의 것보다 못한 것이 없다. 우리의 관습, 예절, 도리 중에서 무엇을 갖다 놓는다 해도 제대로 출중해 보일 것이다. 예를 하나 제시해 보자. '안에서는 화목한 가정 / 밖에서는 예의범절이 바로 선 사람 / 더불어 살 수 있는 생활능력 / 나라 걱정도 하고 사는 여유 / 남이 잘되는 것이 제 잘되는 것보다 기쁜 사람' 등으로 이름 해 본다면, 30평 아파트 자랑보다야 훨씬 더 부자 태가 나 보이지 않는가.

생각해 보라, 우리는 일찍부터 중산층으로 살고 있지 않았는지를. 지금까지 서구의 3개국 중산층 요구 기준을 모두 적용하고 살아왔지만 아무런 불편이 없었다. 내 주장을 떳떳하게 내세우는데 중형차 등록증을 보자는 사람은 없었다. 사회적 약자를 돕겠다는 데에 아파트 등기문서를 확인 후 30평 이상이 되어야 기부금을 낼 수 있었던 것도 아니었다. 월급 500만 원 이상이 아니면 부정 불법에 저항할 수 없다는 법률 조항도 없었다. 그보다 훨씬 낮은 봉급자라도 NGO 활동은 맹렬했다. 누구도 요구하지 않는 기준에 스스로 옥죄어 주눅이 들 필요가 없다. 설령 직장인 설문조사에 나타난 우리 기준에는 턱없는 미달이어도, 서구 기준이라면 우리 모두는 이미 훌륭한 중산층이다.

나무 보쌈하다

가난하여 혼기를 놓친 총각이 잠든 과부를 몰래 데려와 부인으로 삼았던 때가 있었다. 여인을 보에 싸서 납치하다니, 보쌈 결혼은 지금이야 있을 수도 없을 일이지만, 당시로서는 어쩔 수 없이 도덕적 장벽을 뛰어넘게 해주는 방법이었을 것이다. 생활능력이 없는 여성이 평생 혼자 살아야 한다는 것을 생각해 보라. 속수무책이었다며 양가良家의 자존심을 세워주고, 여인에게는 재가再嫁의 구실을 삼을 좋은 기회가 아니었을까? 이 은밀한 작전을 위해 여인도 낌새를 모른 척했을 것이고 짖던 개도 입을 다물었을 것이다. 이들의 어려운 사정을 잘 알기에 사회도 모르는 척 눈감아 주었기에 가능했을 것이다.

주말농장에다 심을 요량으로 묘목을 사러 갔다. 잠든 나무를 골라 나무 보쌈을 하겠노라 했더니 모두 우습다는 눈치다. 서툰 무당의 공상이 나무 박사인 실무자를 압도했다고나 할까. 갑자기 나무에 대해서 잘 아는 사람으로 대접해 주었다. 대추, 자두, 복숭아 묘목과 감나무를 주문했다. 이들은 모두가 깊은 잠에 빠져 있었다. 보쌈이 알맞은 시기다. 잠에서 깨어나는 봄보다는 겨울잠이 든 늦가을이 훨씬 효과적이다. 나무는 잠에 취한 나머지 이동도 알아채지 못할 것이며 앞으로 있을 맹위의 추위도 미리 겁먹지 않을 것이다. 좁은 묘목장에서 서로 부대끼며 바동거리기보다는 매도 먼저 맞는 쪽이 낫다고 나의 보쌈을 싫어하는 눈치가 아니다. 내 보쌈이 성공하는 날, 봄이 오면 어린것들은 잠에서 깨어나기가 무섭게 땅 냄새를 맡기 시작할 것이다.

동물이나 식물이나 잠자는 시간이 가장 행복하다. 잠은 세상 모든 것을 잊어버리는 시간이다. 추위도, 더위도, 아픔도, 기쁨도 모두 멈춰 서게 하는 마력이 있다. 여인처럼 미리 짜놓고 자는 척하는 나무는 죽는다. 옷을 두둑이 걸치고도 제정신에는 참아내기 어려운 계절이 아니던가. 설상가상으로 나목으로 겨울나기를 해야 한다면 아예 신경을 꺼 놓고 있어야 통과의례가 수월해진다. 잠자는 계절에는 푹 자야 한다. 봄에 죽은 나뭇가지들을 가끔 본다. 겨우내 잠을 못 이룬 가지들이다. 초겨울에도 날씨가 포근할 때가 있어 가끔 개나리가 피기도 하고 버들강아지가 나타나기도 한다. 이럴 때 나무는 착각에 빠진다. 애써 물을 빨아 잎으로 보내

주느라 밤잠을 설쳐가며 중노동에 시달리다 결국 줄기가 동사해 버린다. 겨울잠을 자는 포유동물이 활동을 멈추고 땅 밑에서 에너지를 보전해야 하는 이유와 다르지 않다.

감나무 묘목은 봄에 한 번 더 걸음 해야 한다. 옮겨 심어놓고 겨울을 나면 죽을 확률이 높다고 했다. 이 또한 나의 엉터리 추론대로라면 잠을 못 자서 그럴 것이다. 감 씨를 심으면 감나무가 되지 않고 대신 고욤나무로 태어난다. 그래서 3~5년쯤 지났을 때 기존의 감나무를 잘라서 이 고욤나무에 접을 붙인 후에야 감나무 묘목이 된다. 아마도 접을 붙인 묘목은 봉합이 얼마 지나지 않았기에 감나무와 고염, 두 종의 나무가 서로 동상이몽을 하며 잠자리에 들었다가 잠을 설치는 꼴이 벌어지는 모양일 것이다. 한이불을 덮고 자는 부부간에도 장단이 맞지 않으면 다른 잠버릇 때문에 티격태격 승강이를 벌인다. 그런 일이 많았던 내 경우를 생각해 보니 그렇다.

묘목을 다루는 주인의 손길이 무척 허술하고 거칠다. 포기를 그냥 쑥 뽑아 물에 슬쩍 한 번 담가 낸 채 포대기에 둘둘 말아서 준다. 성의가 없어 보인다. 묘목은 뿌리털에 흙을 같이 붙여 정성스레 묶어 주게 되어있다. 새롭게 터를 잡을 때까지 낯익은 흙으로 적응기간을 가지라는 일종의 혼숫감을 장만해 보내는 것이다. 주인은 내가 만족하지 않아하는 모습을 눈치 챈 모양이다. 주인도 얼른 내 이론을 가져다 붙였다. 신경 끄라고 한다. 묘목은 이미 겨울잠에 돌입했기 때문에 과잉보호가 필요 없단다. 옮겨 놓고 나면 얼지 않도록 이불인 양 흙이나 많이 덮어 주라고 했다.

세상 모든 것을 잊어버리고 겨울잠을 자는 나무는 행복하다. 한바탕 늘어지게 자고 나면 새 계절을 맞는다. 맛이 있을 리가 없지마는 맛이 있다면 겨울잠의 뒤끝은 꿀맛일 것이다. 나이 든 분들의 소망 중에서 가장 으뜸인 것이 잠자듯 날 데려가 달라는 것이다. 청상과부보다 더 간절하게 저승사자의 보쌈을 기다릴 것이다. 이 세상에서 저 세상으로 자리 옮기기가 예삿일이 아닌가 보다. 보쌈을 위해 나무는 철저히 잎을 떨고서 겨울잠에 든다는 것을 이들에게도 말해주고 싶다.

농사나 짓지?

풍파에 놀란 사공 배 팔아 말을 사니/ 구절양장九折羊腸이 물 도곤 어려워라/ 이후란 배도 말고 말도 말고 밭갈이나 하리라. 선조 때의 장만(張晩, 1566~1629)의 시다. 밭이나 갈러 가겠다는 위 시의 작자도 지금에 와서는 마지막 구절을 고쳐 써야 한다. 시골 살기가 얼마나 어려워졌는데, 밭 갈기 정도나 하고 지내겠다고 쉽게 말을 하겠는가? 모든 것 때려치우고 귀농해서 텃밭이나 일궜으면 싶지만, 그것은 배보다 말보다 훨씬 더 어려울 것이다. 시골 사람들 길사 흉사 뒤치다꺼리 때문에 살림이 거덜난단다.

문학을 빌미로 한 나들이는 같이 어울리기가 글쓰기보다 더 어렵다. 정월에는 상당액을 웃도는 각종 회비가 뜯겨 나간다. 분기마다 나가는 문예지 구독료도 수월찮다. 이럴 때는 차라리 일할 때가 좋았다 싶어진다. 세상에 쉬운 일이란 없다. 설령 그것이 놀고먹는 일일지라도 그렇다. 누워서 식은 죽 먹기나 떡 먹기가 쉽지 않다는 것을 뒤늦게 안다.

설득하던 사람이, 지금에 와서는 설득당하는 사람이 되었다. 귀가 여리기도 하고 겁이 많기도 하다. 열 번까지 찍을 필요도 없이 한두 번이면 후딱 넘어간다. 무척 긍정적으로 산다는 말은 칭찬이 아니라 너무 쉽게 산다는 핀잔일 것이다.

보일러가 고장 났다. 고장 난 부품을 교환해 달라 했더니 곧 다른 곳이 고장 날 거라는 진단을 해 준다. 그건 그때 가서 보자니 내가 하는 셈법이 틀렸단다. 잦은 수리는 배보다 배꼽이 커서 새 것 교체 경비보다 더 들어간다고 했다. 아침밥 잘 먹고 전날까지는 생각지 않았던 보일러 교환을 했다. 상당액을 받아갔다.

자동차 은행카드에 가입을 하면 주유할 때마다 몇 십 원이 자동 적립된다고 했다. 오일 교환과 세차도 모두 공짜란다. 친절도 하셔라. 언제 나를 보았다고, 내가 무엇이 예쁘다고 이런 것까지 추천해 줄까? 가입한 지 며칠 되지 않아 문자메시지를 받았다. 가맹 정비 업소에서 오일을 무료로 교환하란다. 무료라는 표현이 경차 기준이었나 보다. 추가 비용 3만 원을 요구했다. 설상가상으로 냉각기에 물이 샌 흔적이 있다며 수리를 권한다. 견적을 달라고 했더니 수월치 않은 돈을 요청했다. 다음 날 자동차 제작사 정비소에 들렀더니 조임 쇠 나사만 죄면 되는 일이라며 그냥 손봐주었다. 오랜만에 구세주를 만났다.

오라는 곳 없어도 갈 곳은 많다더니, 어디 쓸 데가 있을까 싶어도 달라는 곳은 뜻밖에 많다. 얼굴이 조금만 익으면 모임에 이사 맡아 달라는 청탁을 한다. 잘나서가 아니라 나이 때문이다. 사람 대접받는 것 같아 그렇게 하겠노라면 하면 직함의 공정가격은 김일봉(?)이다. 엔 쏠리지가 뭔지 용어도 잘 모른다. <한국의 100인 작가>에 내 이름이 실린단다. 작품 2편을 내면서 고맙고 감사하다는 인사를 했다. 출판경비 조로 금일봉을 내고 한국에서 유명한 100인 작가 반열에 올랐다. 소가 웃을 일을 했다. 작가 인명사전에도 이름을 올려 주겠단다. 작품과 작가 이력을 보냈다. 금일봉 조로 요구하는 출판물 한 권 가격이 상당하다. 점심때가 채 되기도 전 2교시에 까먹어 치웠던 도시락이 생각난다. 월말에는 통장에서 깡통 소리가 난다.

시골 사람조차도 농사나 짓도록 내버려 두지 않는다. 세상에 안전지대는 없다. 다시 초식동물이 되어 들판에 서는 수밖에 없다. 먹이사슬의 한 자락을 잡고 기꺼이 육식동물의 희생양이 되겠다는 각오가 아니면 퇴직생활은 스스로 지옥이다. 검소나 절약이 대책이 되지 못한다. 편하게 마음먹는 수밖에는 없다. 상어 떼에 감사하고 살자. 상어가 몰리는 것은 그만큼 내 쪽에 먹을 것이 있다는 증거다. 고쳐야 할 보일러가 있다는 것에 감사하자, 그것은 내게 가정이 있다는 의미이다. 각종 회비에 감사하자, 그것은 나를 불러주고 사람대접 해주는 증거이기 때문이리라.

내게도 잘한 일이

잘한 일이라고는 없었다.

생각 끝에 오래 오래 전 이웃에게 파 한 뿌리를 준 일이 생각났다.

이야기를 들은 염라대왕은 파 뿌리 하나를 이 사내에게 내 주며 지옥을 벗어나 보라고 했단다.

옳거니!

내가 만약 같은 질문을 받는다면, 서슴없이 아들이 없는 것에 대해 자랑을 삼을 것이다.

이것이 생전에 아내에게 준 가장 큰 선물이라는 생각에서다. 세상에 어떤 젊은 여인도 며느리란 이름으로 우리 집에 들어와 사랑하는 아내의 속을 썩이는 일이 없도록 그 근원을 미리 차단해 놓았다. 고부의 갈등은 하늘이 내리는 용심이라고 했다. 아무리 돌부처 같은 시어머니라 해도, 천하에 둘도 없는 열녀 며느리라 해도 고부간 갈등만큼은 피해 갈 수 없는 것이 아니던가. 있건 없건, 잘나건 못나건, 배웠건 못 배웠건 간에 너 나 없이 애증 속에 살아야만 하는 여인의 세계에서 한쪽 상대인 며느리가 없는 내 아내의 승률은 늘 부전승으로 이기고 있지 아니한가.

딸 하나 낳았다.

이어서 둘째 딸을 낳았다.

그리고 셋째 딸을 낳았다.

그래도 나는 아들 생각이 없었다, 끝까지.

고집이 대단한 사람이라고 했다.

아들은 우연히 만들어지는 것이 아니라며 성의를 낼 것을 촉구했다.

시키는 대로 하면 넷째는 틀림없이 아들이라는 처방전이 많이 나왔다. 하지만 주위에서 아무리 호들갑을 떨어도 반응을 보이지 않았다. 공부는 뒤에 해도 되고, 재물도 뒤에 모을 수 있지만, 자식 농사만큼은 제철에 지어야 한다며 아들 타령을 해대는 통에 일할 수가 없었다. 아들을 제조 공장에다 주문 생산하겠다는 생각과 무엇이 다르랴. 콘크리트처럼 시멘트, 모래, 자갈을 일정비율로 배합하여 찍어 내겠다는 수작들이다. 모두 하기 쉬운 말로 기술, 기술 하지만 야구 투수조차도 이불 밑에서라면 볼과 스트라이

크를 구분해서 던지지는 못할 것이다. 부질없는 스트라이크 훈수에 마음 흔들릴 내가 아니었다. 아무 소신 없이 제멋대로 던진 볼카운트는 투수가 책임지기로 하고 스리 볼로 어설픈 등판을 마감하였다.

나의 무능도 세월이 지나고 보니 가정의 평화를 위함이 되었고, 아내 사랑이 되었다. 제 손으로 챙겨 먹고, 뒤 설거지를 마쳐야 하는 일상이 어찌 즐겁지 아니할까? 어딜 가더라도 고운 입에 며느리 욕만큼은 달지 않고 살 수 있고, 나쁜 시어머니라며 다른 이들로부터 흉은 잡히지 않고 살 수 있으니 본전은 한 셈이다. 모두가 아들 없는 남편 팔자 덕분이다. 양반이 편해 오래 살 것 같아도 오히려 상것보다 일찍 죽었단다. 종 부리다 쌓인 스트레스 때문이겠지. 이래라저래라 간섭할 며느리가 없는 여인은 마음이 늘 천국에 살고 있을 것이다.

나는 자랑삼으리라.

아내에게 큰 선심을 썼노라고.

반듯한 삶이 되지 못해 내세울 것이 없다 보니 이 일보다 더 좋은 자랑거리가 나올 성싶지 않다. 파 한 뿌리로 머리를 조아렸던 지옥의 사내처럼 나도 아내 사랑을 구실삼아 염라대왕에게 선처를 빌어보리라.

낙과

사과 한 상자를 보내왔다. 웬 과일이냐고 물었지만 전하는 이의 답이 신통치 않았다. 과수원에서 제대로 상품이 못 되어 나누어 먹는 것이란다. 아마 며칠 사이 몰아쳤던 비바람에 낙과가 많이 생겼던 모양이다. 하나같이 상처를 입은 것들이라 판매용으로는 힘들겠지만, 집에서 먹기에는 지장이 없을 것이라고 했다. 수확을 눈앞에 두고 예상이 빗나가 버린 농부의 마음은 얼마나 아팠을까?

'70년대 태릉에 살았다. 태풍이 지나간 다음 날 나는 바구니를 들고 배 밭으로 갔다. 밭에는 수북하게 쌓아놓은 배가 보였고 그 옆에 주인아저씨가 비워낸 소주병이 즐비했다. 떨어진 과일 몇 개를 팔아 드리겠노라며 바구니를 내밀어 아저씨의 부아를 돋게 했던 적이 있었다. 상처가 크면 돈을 들이댄다고 해서 위로가 되는 것이 아님을 그때 알았다.

성탄절은 겨울 태풍이다. 연말연시의 광기 또한 천재지변이 되어 젊은이들을 휩쓸고 지나간다. 신자가 아닐수록 더욱더 제정신이 아니다. 공연히 마음이 들떠 거리를 나서고, 광란의 질주를 하고, 상인들은 성탄절 대목 특수를 노린다. 젊은이 마음은 하늘로 날고 연인은 꿈속에서 헤맨다. 혼란의 끝을 알 수가 없어서 그리스도를 뜻하는 희랍어 X는 그 본뜻을 이탈하여 걷잡을 수 없는 미지수 X로 변해버린다.

X-mas의 들뜸 속에서 아우는 하나뿐인 아들을 잃었다. 도시의 광기가 금쪽 같은 아이를 휩쓸어 가 버린 것이다. 새벽녘 2시 귀갓길, 과속으로 달리던 영업용 택시가 아이를 치었다. 스물아홉의 청년이 낙과되어 길바닥에 내동댕이친 날이다. 비명횡사 직전에서 목숨은 부지했으나 3년이 지난 지금에도 식물인간으로 병상에 누워있다. 오랜 병상 생활에 지친 나머지 이제는 위로의 말도, 어지간한 도움도 소용이 없어진 듯 자포자기의 모습이다.

아우의 자식 사랑은 유별났다. 하나 아들을 두어서가 아니라 어릴 때 형제가 많아 풍족하지 못했을 부모님 사랑을 자식 사랑으로 대신해 아이에게 쏟아 부었다. 자식농사를 잘 지었다는 칭송을 많이 들었다. 기골도 장대하며 얼굴은 또 얼마나 잘생겼던가. 곧 짝이라도 찾아주고 싶었을 아우의 꿈은 한껏 부풀어 올라 있었을 것이다. 수확을 눈앞에 두고도 태풍이란 모진 놈을 만나면 일 년 농사는 헛농사가 되고 만다. 결승점을 눈앞에 두고 중도 포기해야 하는 육상선수가 이보다 더 허탈할까? 가을은 쉽게 오는 것이 아니었다. 인간으로서 할 일을 다 한 다음에 하늘과 땅의 조화를 기대한다고 했던가.

여름 햇살을 잘 받은 낙과가 병석에 누워 있는 조카의 두 볼처럼 발그레하다. 농부의 고통이 아우의 한숨과 섞이어 집으로 배달된 것 같다는 생각이 들었다. 사과 값을 돈을 쳐서 보내기가 어쭙잖은 것 같아 성의만 받아주기로 했다. 가을이 오기 전에 달아나버린 수확의 꿈, 다 키워 놓은 자식을 버린 부모의 애를 끊는 아픔이 여진餘震처럼 낙과 상자에 담겨져 있다. 낙과는 아우의 눈에서 떨어지는 빨간 눈물이며 미완으로 끝나버린 농부의 아쉬운 사랑이다.

내가 하면 로맨스?

새로 산 노트북이 말썽을 부렸다. CD 굽기 기능에 이상이 감지됐다. 엉터리 제품이로군. 명색이 세계적인 기업의 전자제품이 받자마자 첫 기능점검에서 탈을 내다니. 이런 짓으로 몇 조 원을 벌면 뭣 하며, 주식값이 천정부지로 솟으면 뭐 하나, 물건이 제대로 되어야지. 그냥 넘길 일이 아니라며 분통을 터뜨렸다. 수령 후 하루 만의 일이니 과감한 조치로 소비자를 보호해 줄 것을 기대했다. 남의 불륜이 되어 가혹한 잣대를 들이대고 있었다.

흥분도 잠시였을 뿐 스르르 꼬리를 내리고 말았다. 명색이 기계를 다룬다는 주제에 이런 촌극을 벌이다니. 이건 회사 품질을 나무랄 일이 아니라 명백히 사용자의 잘못이다. 소음의 원인은 한 장이 들어갈 작동기에 CD 두 장을 한꺼번에 밀어 넣은 것이 아닌

가. 좁은 공간을 무리하게 비집고 들었으니 기계가 소화불량에 걸린 것이다. 작동 음이 물방앗간 돌아가듯 끽끽거렸다. 새 물건을 받아 첫 점검이니 서툴기도 했지만, CD 또한 새로 사온 것이어서 한꺼번에 얇은 것 두 장이 한 장처럼 겹쳐 있었다. 상대를 향했던 질타가 자기변명 모드로 돌아선다. 내 잘못을 위한 로맨스가 시작된다.

복잡한 전기제품이니 처음 접하는 사람에게는 충분히 있을 법한 일이지 않겠는가? 고객은 한 대의 컴퓨터가 부담스런 물건이지만, 전자회사는 돌아가는 생산라인 벨트 위에 놓였던 수많은 생산품 중의 하나일 뿐이지 않은가. 설령 고장 난 부품을 갈아 끼운다 하더라도 공장 원가는 몇 푼 되지 않을 것이니 큰 문제는 없을 것이야. 그래서 A/S 센터가 있는 것이고. 더더욱이나 집안에서 쓰고 있는 가전제품 태반이 이 회사 제품이 아니던가. 나는 로맨스 모드에 취해 있었다. 네 탓 내 탓이 이렇게 차이가 나다니.

결과는 걱정 밖이었다. 세상에 원! 서비스 센터에서는 자초지종 물어보지도 않고 작업을 해 주었다. 한 번쯤은 네 탓 내 탓으로 옥신각신할 것을 염려했는데. 공연한 걱정이 되고 말았다. 승강이 연습까지 준비했던 자신이 부끄러워졌다. 날마다 같은 일을 반복하는 전문가들이어서 고장 원인을 훤하게 알았을 법도 한데 아무것도 따지지 않았다. 작업 담당자는 단순한 친절을 넘어 내가 사무실 문턱을 넘을 때까지 머리를 조아리며 죄송하다는 말을 되풀이했다. 정작 이들에게 수고를 끼친 사람은 내 쪽이다. 몸에 익은 친절일까 속 보이는 조롱을 받은 것일까?

즐겁지만은 않았다. 나의 실수를 왜 말하지 못했을까? 눈총을 조금이라도 주었더라면 내 쪽에서 먼저 통사정을 했거나 지갑을 열었을 것이다. 고객을 왕으로 모시는 것은 회사의 '양심'이 될 수 있겠지만, 시치미를 떼고 무조건 들이민 것은 뻔뻔스러운 왕의 '염치'에 관한 사항이다. 사용자의 귀책사유임을 번연히 알면서도 무상서비스를 기대하며 시치미를 떼려 들었단 말인가. 양심도 훈련을 시키지 않으면 그곳에 털이 난다고 했다. 내 양심에 박힌 고약한 털 하나가 돋아나 며칠을 괴롭혔다.

이럴 줄 알았다

젊어서 놀아라, 늙어지면 못 노느니라.

건강할 때 술을 마셔라. 약해지고 나면 술이 몸에 받을 리 없다.

컨디션이 좋을 때 담배를 피워라. 건강이 나빠지면 담배 맛도 가시느니라. 세상일이란 다 때가 있는 법이어서 할 수 있을 때 하는 것이 좋지 미뤄 놓으면 영영 하지 못할 수가 있다. 술이나 담배가 좋은 것도 아닐 텐데 굳이 서둘러 해보라는 꾀이야 하겠는가. 무엇이든 때가 있다는 강조쯤이겠지.

젊어서는 차가 없어서 못 다니고, 나이를 먹으면 차는 있으나 다니고 싶은 흥이 싹 가셔서 돌아다니지 못한다.

한때는 먹고 싶은 것도 많았지만, 세월 가니 먹고 싶은 것도 별로 없어졌다. 먹어도 맛을 모른다고 해야 맞으려나? 그것도 그렇지만 모든 것이 고혈압, 당뇨, 그 때문에 달고 기름진 것 피하는 나이이니 해롭다는 것 굳이 찾아서 먹을 이유가 없을 것이다. 먹고 싶을 때 먹고, 돌아다니고 싶을 때 돌아다녀야지 때 지나면 모든 궁합이 신체리듬과 맞지 않아진다.

입는 옷도 날개가 될 때가 따로 있다.

몸에 어울리는 태가 날 때가 있는 법이다.

젊은 때는 어깨에 살점이라도 있어 어떤 양복이라도 걸치기만 하면 입던 옷처럼 달라붙더니 어깨에 힘 빠지고부터는 무엇을 걸쳐도 병아리 우장雨裝 같은 모습이다. 이 색 저 색 다 맞던 몸이 검은색이나 회색 외에는 맞아들지 않는다. 나이 들수록 밝은 색을 걸치라 하고 때로는 과감하라고 하지만, 아무나 그렇게 할 수 있는 것이 아니다.

서양 사람은 오직 젊은 저들 입장만 생각한다.

재들의 부모는 젊어서 볼 것 다 보고, 먹을 것 다 찾아 먹고, 입고 싶던 것 다 걸친 이들이라서 자식들은 부모를 효도의 대상으로 보지 않는다.

한때 잘 나갔던 청춘으로만 생각한다. 이제는 내가 돈 벌고 있으니 내가 먹고 내가 입을 차례로 생각한다. 이 또한 자녀가 보고 자라서 똑같은 대접을 하리라는 것을 잘 알고 있다. 너희를 키우노라 애쓰다 그렇게 되었다는 부모는 없을 테니 부모는 긍휼의 대상이 아니다.

제주도 천지연 폭포에 갔던 적이 있다.

목표지점에서 100미터도 되지 않은 곳에서 어른은 더는 가기 싫다고 주저앉으셨다.

제주도에서 이 폭포 보고 가지 않으면 두고두고 후회하실 거라며 조금 쉬었다 다시 가도록 권했지만 결국 천지연을 보여 드리지 못했다. 폭포란 물 떨어지는 곳이고, 다른 곳에서도 많이 보았으니 폭포 별다른 데가 있겠느냐는 듯했다. "너희나 많이 보고 오느라, 난 여기서 좀 쉬련다." 언젠가는 100미터도 한계가 될 때가 있는 것이 우리의 삶이다.

손자 보느라 에너지를 마저 태우고 있다.

아내의 관절이 시원찮아서 약을 먹고 있다.

우리 늙어지면 멀리, 그리고 오래 여행이나 다니자던 약속이 점점 더 미심쩍어진다. 체력이 약해졌는지 내게는 대상포진이 달려들고, 산책도 시간이 길면 피곤이 몰린다. 서울 대구 간 운전도 힘에 부대낀다. 아홉시 뉴스를 마저 보지 못하고 잠자리를 펴야 하며, 아침에는 꼭두새벽에 달그락거리며 집 안을 헤집고 다녀야 한다.

건강도, 맛도, 옷도 하나같이 때를 잃어버렸나 보다.

모든 것이 제대로 여건이 따라주지 않는다. 늙은 영감이 되어 간다는 생각을 한다. 그렇다면 내 인생의 잔고는 얼마나 남았을까? 늦었다고 생각할 때가 가장 빠른 때라면 아직도 늦지 않았을까? 머리에 물감이라도 들여볼까? 흑진주처럼 까만 윤기 자르르한 것으로 바른다고 젊어질 수 있을까? 버나드 쇼George Bernard Shaw가 그의 묘비명에 썼다는 문장이 생각난다.

"우물쭈물하다가 내 이럴 줄 알았다!"

누가 번역했는지 몰라도 대단한 우리말 실력이다.

(I knew if I stayed around long enough, something like this would happen.)

3
매 맞는 나무

문화 선진국과 후진국은 공공장소의 유실수가 제철까지 견뎌 내느냐 마느냐를 놓고 판단해도 좋다. 공원 열매는 민도를 판단하는 리트머스 시험지다. 아무리 우리가 경제 대국이라고 떠들어대도 사소한 것에 목숨 거는 저 불쌍한 무리를 앞에 두고서는 선진국 타이틀은 사양해야 한다. 초대받지 못한 손님들, 너희는 어느 관아官衙에서 보내온 형리나 망나니들인가?

말가웃지기

스무 해가 넘어 찾아본 논은 정글이 되어 있었다. 오직 문서 하나만 쥐고 있다가 퇴직 후 내 땅이라며 들여다보는 곳이니 논의 경계선조차도 가물가물하다. 가뜩이나 좁은 다랑논을 인접한 이들이 산소를 넓힌다고 떼어가고, 경운기가 다니게 길을 넓힌다며 잘라 먹었으니 작은 땅이 더 작아졌다. 긴 세월 주인 없이 방치된 곳이니 누구를 탓할 수는 없는 처지다.

부모님은 이 논을 말가웃지기라고 불러왔다. 나는 이 말의 뜻을 정확히는 알지 못한다. 늦었지만 내가 말가웃지기를 억지로라도 추론해 봐야 하는 이유는 앞으로 논의 내력은커녕 순수 우리말조차도 고어가 되어 사라져 버릴 것이라는 우려 때문이다. 국어사전에 의하면 '말가웃'이란 말이 남부지방에서는 한 말 반의 볍

씨를 뿌릴 정도의 넓이라는 뜻으로 사용된 면적의 단위라고 하니 그 뒤에다 논을 세는 마지기의 '지기'가 붙어 말가웃지기가 되었으리라. 한 마지기에 한 말 분량의 볍씨를 뿌린다니, 말대로라면 말가웃지기는 한 마지기 반인 셈이다. 등기부상으로는 확인해 본 결과도 300평 남짓한 면적으로 나타나 있으니 다행히 근접한 해석이 되었다.

말가웃지기 논은 우리 집안에 내림하는 조상 답이다. 부모님 생전에는 문전옥답까지는 못되어도 쌀섬 깨나 거두었다. 장남도 아니고 농사꾼도 아닌 주제에 객지로 떠돌며 공무원 생활을 하던 내가 하필이면 이 땅의 주인이 되어야 했던 이유는 무엇이었을까? 마을에 가까운 전답은 이재理財에 밝은 형제들이 다투어 선호하였고, 반면에 집에서 뚝 떨어져 산비탈에 있는 몇 뼘이나 될까 말까 한 이 땅은 아무도 쳐다보는 이가 없었다. 게다가 조상답이라서 제사 의무까지 지닌다니 누가 냉큼 자원하겠는가. 시세로 따져보아도 말단 공무원 한 달 월급 액에도 못 미치는 액수니 그냥 가져가래도 논 뒤에 숨은 제사 무서워서도 못 가져갔으리라. 이런 때 부모님 선택은 마음을 편하게 먹고사는 자식 쪽이셨다. "조상답은 네 앞으로 해 놓았다." 결국, 늘 예스맨으로 통했던 둘째인 내가 등기부상 주인으로 올랐다.

가난을 대물림하지 않으려던 윗대의 각오가 서린 땅, 살아서 배고프던 삶 죽어서라도 제삿날 굶지 않겠다며 밥 한 그릇 떠 놓으라며 남겨주시는 땅떼기가 조상답이다. 가장 경제관념이 부실했던 자식에게 이 막중한 책무를 넘겼으니 그 기대는 이듬해부터 곧바로 빗나갔다. 농사를 짓지 못하면 도지賭地라도 놓아야 하는 건데, 요령이 모자라는 위인은 논문서만 받아놓고 세월이 이만치 흘러가 버렸다. 한 달란트를 받아 땅에다 묻어두었던 성경 속의 미련한 종이나 다름없었다. 설상가상 예수 믿는다며 제사조차 지내지 않고 있으니 이 일을 어찌할꼬? 기일에는 제사 대신 미사로 대신하고 있으니 저승 계실 조상님들 혹여 배가 고프시지나 않을까 염려스럽기도 하다.

농사는 못 짓는다손 치더라도 자식농사는 잘 지어야지. 그러나 이것 역시 드릴 말씀이 궁해진다. 말가웃지기와 나는 추억이라도 있다. 그러나 자식들에게는 아무래도 연관을 지워볼 길이 없다. 논 두렁콩을 심거나 메뚜기를 잡거나 가을 볏단을 져 내리던 어린 시절이 있었기에 조상답이 나의 가족사가 될 수 있겠지만, 도시에서 나서 도시에서 커버린 이들에게는 그렇지 못하다. 우리 아이들에게 말가웃지기는 로렐라이 전설보다 더 현실감이 없다. 이것이 내 재산 목록에 존재한다는 것조차 모른다. 당장 금광이라도 발견되거나 온천수가 펑펑 쏟아져 올라온다면 이들이 관심을 둘지 모르겠지. 나는 아버지께서 가지셨던 강압도, 카리스마도 없어 자식 셋 중 누구에게도 이 땅을 대물림시킬 설득력을 가지지 못한다. 사정이 이러하니 부모님 기준으로라면 자식농사도 제대로 점수를 받아내기가 어려울 것이다.

말가웃지기가 기념비적인 존재로 남지 못하게 됨을 아버지는 애석해하실 것이다. 그나마 위안 삼는다면 내가 아직도 공맹孔孟의 그늘을 온전히 벗어날 수 없는 세대여서 바통을 떨어뜨린 마지막 주자로서의 염치를 알아 괴로워한다는 점이다. 웃자란 잡목들은 못된 양심의 털이 되어 뻣뻣하고 억세게 자라나고 있다. 가꾸지 못할 조상답은 자연으로 되돌려주기로 마음먹는다. 이미 산기슭이 성큼 내 논으로 내려와 야트막한 너덜을 이루고 있으니 다른 조처를 해 볼 방법도 없다. 집안의 기념비로서 말가웃지기는 남쪽 바다의 이어도처럼 형체도 없는 이야기가 되어 장롱 속의 종이 한 장으로만 남을 것이다.

매 맞는 나무

가을걷이를 대신 해 주는 사람은 고마운 사람일까? 일손이 부족한 계절에는 부엌에 있는 부지깽이도 뛰쳐나와 거든다던데, 아무도 일을 시킨 이가 없어도 자진해서 저렇게 열심히 매타작을 한다. 아, 벌써 가을인가 하기도 전에 감을 따내는 사람, 은행알을 터는 사람들로 공원이 숨넘어가게 바쁘다. 일찍 일어나는 새가 먼저 벌레를 잡는다더니 저 사람들은 새가 일어나기도 전에 설친다. 벌레 맛을 단단히 들인 이가 벌이는 새벽 풍속도가 가관이다.

언뜻 보이는 검은 그림자는 나무 잡는 저승사자 같다. 벼락 치는 소리가 난다. 떡메로 밑동을 내리치는 것이 여러 해 해본 솜씨다. 한 번 칠 때마다 은행알이 경기驚氣를 하며 쏟아져 내린다. 멱살을 잡고 흔들면 감나무는 잔가지가 뚝뚝 부러져 땅바닥에 드러

눕는다. 자식을 손에서 떼어 놓지 않으려다 고문을 당하고 있는 어미들이다. 순순히 열매를 내려놓으면 모진 매를 맞지 않아도 될 것을. 저 사람들은 나무가 죽는다고 아우성쳐도 눈 깜짝할 사람들이 아닌 것 같다. 흔들고 때리고 장대질하며 가진 것 다 내려놓으라며 계속 으름장이다. 황금알을 낳던 거위가 인간의 조급함 때문에 배가 갈려야 했던 꼴이다.

복날은 개가 매 맞는 날이다. 불쌍하다 개여, 넌 이제 외롭지 않으리라. 너보다 더 맞아야 하는 것이 생겼으니 그것은 공원에 있는 말 못 하는 것들이다. 발로 차이고 돌로 찍히고 있는 은행나무여, 너의 죄목은 무엇이라더냐? 노란 이파리 속에 숨어 빠끔히 얼굴을 내놓고 시각을 유혹한 알맹이의 희롱 때문이더냐. 감나무는 왜 멱살이 잡혀 절레절레하고 있을까? 잘 익어 남의 입에 떨어지는 것보다는 차라리 떫은 놈이라도 내가 먼저 안전하게 모시겠다는 충성 경쟁 때문이다. 홍시 떨어지기를 기다리며 입 벌리고 기다릴 수가 없다. 못 먹어도 고go다. 배가 고파서가 아니라 마음이 허기진 사람들이다.

문화 선진국과 후진국은 공공장소의 유실수가 제철까지 견뎌내느냐 마느냐를 놓고 판단해도 좋다. 공원 열매는 민도를 판단하는 리트머스 시험지다. 아무리 우리가 경제 대국이라고 떠들어대도 사소한 것에 목숨 거는 저 불쌍한 무리를 앞에 두고서는 선진국 타이틀은 사양해야 한다. 초대받지 못한 손님들, 너희는 어느 관아官衙에서 보내온 형리나 망나니들인가? 고문을 집행하는 이의 얼굴이 뜻밖이다. 어렵게 살았던 몇 남지 않은 구시대 사람들의 작태가 아니라 이들이 파랗게 젊다는 것이 우리를 슬프게 한다. 오랫동안 저들과 더불어 살아야 한다니.

공원에는 해와 바람과 비가 나무를 키워냈다. 저절로 열렸고 저절로 익었기에 열매의 주인은 없을 것이며 굳이 있다면 자연이지 않겠는가. 비록 쿰쿰한 구린내를 피우는 은행 열매일지언정 계절이 곰삭는 것으로 여기며 오래 두고 냄새를 맡고 싶다. 잎이 진 감나무에 홍시도 계절의 끝까지 걸어두어 까치밥이 되어가는 모습을 보고 싶다. 모과의 노란 열매는 또한 어떠한가. 공원 열매는 빛나는 보석이며 임자 없는 청풍명월이다. 달을 따다 혼자만의 봉창에 두려는 사람아, 공원의 계절이 운치 있게 저물어 갈 수 있도록 더 이상 나무를 닦달하지 말아 다오. 때가 되면 자연自然이 어련히 알아서 하지 않겠느냐.

늦게 배운 도둑질

출간은 출산과 다를 바 없는 것 같다.

아이를 목적으로 한 의도된 잠자리라기보다는 자연스러운 부부생활을 통해 자식이 하나씩 둘씩 불어났듯, 책을 내기 위한 의도된 글쓰기는 아니어도 글 쓰는 재미에 빠지다 보면 자연스레 몇 권의 저술은 나오게 된다.

게장이 밥도둑이라면 글쓰기는 돈 먹는 하마다.

넉넉한 사람이야 껌 값이나 부스럭 돈이 되겠지만, 문학 하는 이들 중에는 껌 값이 책값만큼 되는 사람은 드물다. 한 번 출간하면 아내로부터 일 년의 용돈 동결쯤은 감수해야 하며, 어지간한 집안의 잔소리는 즐겁게 들어줄 정도의 인내심을 각오해야 한다. 몇몇 소수는 글 써서 큰돈 버는 이도 있긴 하지만, 대다수는 글

쓴다면서 오히려 생돈을 들이는 쪽이다.

교정 또한 멀고 먼 고행 길이다.

쓸 때는 행복했으나 원고가 어느 정도 모이면 고생문이 열린다.

베스트셀러 반열에 오른 것이라면 몰라도 대부분 것들은 1쇄로 마감하기에 한번 하자瑕疵는 작가에게 영원한 상처로 남는다. 돌아오지 못할 강이나 건너듯이 조심하고 살피지만, 아무리 살펴도 완벽이란 있을 수 없다. 흠집은 출간되고 나서야 보이는 것이다. 한두 곳 하자는 *'인디언 흠' 쯤으로 여겨야 가슴앓이를 던다.

책은 출판사에서 출산하고, 작가는 집에서 용을 쓴다.

출판사와 인쇄소가 같이 있는 곳은 드물어서 교정이 끝나면 출판사는 인쇄소에 원고를 넘긴다. 찍어내는 것은 하루 일도 되지 못하겠지만 대부분 2~3주 정도는 걸려야 한다. 대부분이 영세한 업체여서 재료를 절약하기 위해서는 다른 이의 책들이 올 때까지 기다린다. 운때가 맞으면 일찍 나오고, 그렇지 못하면 상당기간 목을 뺀다.

산통이 길어질 때가 있다.

기다리는 고통은 주리를 트는 고문 이상이다.

"하염없이 책을 생각하노라."는 <개여울>의 한 대목 같은 심정이다.

직접 쓴 것들인데 무얼 그렇게까지 기다리느냐고 생각할지 모르겠다. 산모는 뱃속의 아기 상태를 초음파 검사를 통해 매달마다 확인하고 있어도, 산달이 가까워지면 질수록 한층 더 태어날 아기가 궁금해진단다. 눈은 제대로 박히고, 귀는 제대로 달고 나올는지, 심하면 손발이 제대로 붙어 있을까 까지 걱정한단다. 책이란 인쇄되어 손에 쥐어지기 전까지는 어디까지나 실체가 없는 작가의 머릿속 공상에 불과하기 때문이다.

책이 나오면 제일 반기는 이는 글쓴이다, 베스트셀러야 물론 독자가 되겠지만.

자비 출판은 그렇지 못하다.

아내가 제일 힘들어 한다.

외도해서 숨겨 두었던 아이를 집안으로 들이는 형국이다. 좁은 공간에 세간을 들여놓고 살기도 복잡하다는 것을 잘 알고 있다. 집안 눈치를 보아가며 재빨리 지인들에게 발송하고 남는 몇 권만 같이 체류할 자격을 허락받는다. 출판기념회를 한다든가, 타이틀을 붙여서 뒤풀이까지 생각한다는 것은 엄두를 내지 못한다. 이왕 이름을 달고 세상에 나왔으니 좋은 사람들 만나 잘 읽히기나 바랄 뿐이다.

글은 중독성이다.

돈도 되지 못하고, 반기는 이도 없는 작품집.

책을 받아 들고서 다음 책을 꿈꾼다.

아편 중독이 이런 것 아닐까 싶다.

글 쓰는 즐거움은 곧 작가를 살아있게 한다. 그런 열정이 아니면 한 권의 책이 될 수가 없다. 아기의 출생이 부모에게 축복이듯, 한 권씩 저술이 더해 갈 때마다 작가는 작품에 대한 애정이 더 깊어간다. 이번이 마지막이라며 지키지도 못할 약속을 또 하고 말았다. 작가는 다산多産의 욕심을 쉬이 버리지 못한다. 가족계획을 하지 않는 집에 연년생 들어서듯 한다. 셈도 잘 못 하는 무책임한 가장이다. 늦게 배운 도둑질은 날 샐 줄을 모른다. 이것이 곧 글 쓰는 즐거움이며 또한 괴로움이다.

* 나바호족은 정교한 물건을 만들면서 어딘가 결함을 넣는다. 완전무결하다는 것은 곧 질식을 의미한다고 믿기 때문이다.

다시 어버이날에

장모님이 돌아가셨다. 어머니는 임대 아파트에 혼자 사셨다. 이불 한 채와 바닥에 깔아 놓은 전기장판, 미사포 망사를 뒤집어 쓴 낡은 선풍기가 겨울 여름나기 냉난방 기구의 전부다. 소박하고 검소함이 몸에 밴 분이라 살림이 단출했다. 임대아파트는 입주자가 세상을 뜨면 다음 사람을 위해 빨리 방을 비워 내야 한다. 예전에 어머니가 그랬듯이 다음 차례의 노인이 이 방을 기다리고 있기 때문이다. 이틀 전 화장을 하고 삼우제 날에 사시던 곳의 짐을 빼냈다. 얼마 되지는 않지만, 임대 보증금도 제때에 빠져나와야 장례비용에 충당할 수 있을 것이기 때문이다.

어머니 방을 치우며 우리가 하는 짓이 어머니의 성지를 접수하려 드는 점령군 같다는 생각을 했다. 의류수거함에 이불 옷가지를 버리고, 접시며, 양은 냄비, 참기름병까지 분리수거를 마친다. 종량제 봉투들이 가세하니 그동안 처가에 들러 눈에 익은 모든 가재도구들이 흔적 없이 사라졌다. 언제 샀을까? 한 번도 쓰지 않은 듯한 천 원짜리 손전등 하나가 눈에 띄었다. 지난 연말쯤에 전철 속에서 샀으리란 짐작을 한다. 어머니를 기억할 유일한 물건이다 싶어 호주머니에 얼른 챙겨 두었다. 비록 외형적으로는 어머니의 흔적을 말끔히 지워 놓지만, 장모님의 마지막 거처는 내게는 영원한 처가로 기억 속에 남아있게 될 것이다.

고래 등 같던 처가는 지난날 자식들 키우느라 다 파먹혔다. 장인께서 돌아가시고 기울기 시작한 살림은 회복 한 번 없이 이곳까지로 하향 곡선을 탔다. 자식들에게 모든 것 다 내주고 빈껍데기가 되신 장모님께서는 크게 바라시는 것도 없었다. 몸만 부지할 수 있는 좁은 아파트이지만 어머니는 매우 만족해하셨다. 거동이 불편했던 마지막 몇 달간의 투병생활을 제외하고 나면 이곳에서 행복한 기거를 하셨다. 지난해만 해도 여기서 아이들과 어울려 어버이날을 즐거워하며 손뼉 치고 노래하지 않았던가. 올해는 며칠 사이로 장모님이 돌아가신 첫 어버이날이 되었다.

장모님은 딸 4대의 수장이셨다. 여든여섯의 연세였지만 늘 수장의 품위를 잘 유지해 주셨다. 장모님의 딸이 낳은, 딸의 아이, 증손녀는 장모님을 왕 할머니라 불렀다. 옛날 어른들은 노 할머니란 말을 썼다지만 왕 할머니란 호칭이 더 정겹다. 처가는 대를 이어 딸 부잣집이다. 개화된 집안의 내력 때문인지 딸 아들 구별을 하지 않았다. 딸은 많았지만, 용케도 4대에 걸쳐 놀림감 이름을 지은 딸은 한 명도 없다. 어머니는 딸 그만 놓으라는 주술을 부리지 않았다. 아들 하나 붙들어 매 보라는 '부뜰이', 딸 낳는 구멍은 꼭꼭 막겠다는 '마개', 딸은 이제는 그만이라는 '종말이', 딸만큼은 끝이다, 끝이여라는 '끝냄이' 식은 4대를 이어 없다. 딸들을 기 살리는 집안이다.

장모님은 척추 협착증으로 바닥에 오래 앉으시지 못했다. 지난해 어버이날은 설법하러 대종 선사가 온 것처럼 어머니 혼자 의자에 앉으시고 우리는 의자 주위를 둘러앉았다. 하얀 머리와 검버섯을 한 채 밝은 얼굴, 큰 웃음으로 즐겁게 노셨다. 찍어 놓았던 사진이 딸 4대의 마지막 모습이 되고 말았다. 연세가 들면 누구라도 기약이 없다. 올해가 아니니 내년일까 했었는데 세월은 기다려주지 않았다. 사위 사랑은 장모라며 씨암탉을 챙기는 다른 집과는 달리 장모님은 두 가지를 꼭 챙기신다. 무말랭이 오그락지와 참죽(가죽)나물이다. 이 두 가지를 40년을 한 번도 빠짐없이 상에 올리셨다. 어머니의 조리법도 훌륭했지만, 사위가 원체 촌놈이라 촌음식의 맛을 제대로 알기 때문이다. 돌아가시기 전 병상에서도 그 얘기만 나오면 신나 하셨다.

다시 아파트로 돌아가실 수 있을 거라고 하더니만, 꽃샘추위에 꽃이 되어 떨어지셨다. 천지에 장모님의 모습은 없어지고 거처마저도 다른 이의 소유가 되었다. 장모님이 계셨던 그곳, 나의 처가에는 다른 사람이 들었을 것이다. 행복의 문은 다시는 두들길 수도 없고, 두드려도 소리 내며 어머님께서 반기실 리 없을 것이다. 어머님의 빈자리가 갈수록 크게 느껴진다. 병치레가 짧아 당신께서도 고생을 크게 더시고, 자식도 사정 많이 봐 줬을 것이라며 이웃들은 모두 복 노인이라고들 했다. 어머니 생전에 지으신 업보가 큰 상을 받고도 남았을 것이라며 아내와 내가 우쭐한 마음으로 화답한다. 어머니 보낸 지가 한 달이 채 되지 못한다. 벌써 갈 곳이 없다. 올해는 자식들에겐 참으로 서러운 어버이날이다.

대왕 바퀴벌레가 되었을 것이다

바퀴벌레는 남해 산이다. 나는 후배를 바퀴벌레로 불렀다.

무뚝뚝하고 억센 억양 때문에 때론 오해도 받았고, 다듬어지지 못한 그의 매너가 불친절로 비쳐서 불려다니며 어려움도 당했지만, 이것이 자연산 촌사람의 모습이 아니던가. 사귀고 보면 보드랍기 한없는 순정의 사나이를 도시 사람들은 쉬이 알아보지 못했다.

바퀴벌레는 명이 짧았다.

대한민국 남자의 평균수명을 채우지도 못하고 갔다.

진짜 바퀴벌레는 강하다. 인류역사가 시작되기 전부터 이놈은 있었고, 지금도 끊임없이 진화하기 때문에 인간은 바퀴벌레를 따라잡을 수 없다고 한다. 오죽이나 지겹게 굴었으면 세상이 망할 때 마지막 남을 생물이 바퀴벌레라고 했을까. 내 후배는 오래 살지를 못했으니 바퀴벌레의 전통을 살리지 못한, 부실한 바퀴벌레이었나 보다.

바퀴벌레는 나의 형뻘이면서 후배다.

한 해만 서둘렀어도 바퀴벌레가 오히려 내게 짭짤한 선배 노릇을 했을 텐데…….

나이로는 형이고 학교는 내가 한 해 위다. 남해에서 바닷고기를 잡다 왔는지, 아니면 소먹이다 왔는지는 몰라도 학교가 늦었다. 그러나 나잇값은 확실히 하고 살았다. 형 같은 아우란 이런 경우를 두고 하는 말일 것이다.

바퀴벌레는 내 아내를 '아점씨'라 불렀다.

남쪽에서는 남의 아내를 아점씨라 부르는지 모르겠지만, 이는 바퀴벌레가 지어낸 신조어가 아닐까 싶다. 한 살 아래인 선배 부인을 형수님이라 부르려니 입이 떨어지지 않고, 이목이 있으니 선배 체면을 생각해서 제수씨라 부를 수도 없었을 것이다. 내 아내에 대한 칭호가 얼마나 난감했을까. 결혼한 여성이면 도매금으로 부르던 호칭 뒤에 존경의 접미어 '씨'를 붙여 '아점씨'로 어정쩡한 관계설정을 코믹하게 잘 넘어갔다.

바퀴벌레의 맞수로 아메바가 있었다.

바퀴벌레는 국내에서 학위를 했고, 아메바는 미국에서 했다.

국내파인 그가 국외파를 단세포 아메바로 부르자, 국외파는 대왕 바퀴벌레로 응수했다. 이것이 바퀴벌레의 기원이다. 둘은 같은 캠퍼스에서 후학들을 가르치며 형제처럼 가깝게 지냈다. 아메바의 내림 커피는 바퀴벌레가 먹어치우고 바퀴벌레 연구실 냉장고는 아메바가 비워냈다. 두 하등 생물들은 식성이 왕성하여 무엇이든 남아나질 않았다. 그러나 토끼와 거북처럼 경주와 논쟁을 벌이던 두 석학의 학문 깊이는 내게는 부러움과 존경의 대상이었다.

바퀴벌레가 없는 세상이 허전하다.

나는 그의 마지막 길을 배웅해 주지 못했다.

홀연히 세상을 떠났다는 소식을 한참 늦게 접하고 말았다.

자식 뒷바라지로 분주하게 돌아다니는 동안 바퀴벌레를 깜빡 잊고 지낸 것이다. 어련히 잘살고 있겠지 하고 믿고 있었는데. 지겨운 놈이나 오래 살지 착한 바퀴벌레는 일찍 데려가나 보다. 박사님보다 교수님보다도 바퀴벌레 소리를 듣기 좋아했던 그는 지금 하늘나라의 대왕 바퀴벌레가 되어있을 것이다.

돈이 되기로서니

돈이 된다면 너도나도 판을 벌인다.

좁은 땅덩이에 과밀하게 살아야 하는 경쟁 때문이리라. 한 집 건너 다방이 있던 때가 있었다. 망국의 징조라고 했던 기억이 난다.

의료 복지 분야도 예외가 아니다.

한 집 건너 한 집으로 요양원이 생기고 있다. 이것을 기뻐해야 할지 슬퍼해야 할지를 모르겠다. 돈만 된다면 누구나 뛰어드는 자유경쟁체제이니 이 분야에 특이 패러다임이 생기고 있다. 요양원이 남길 후유증을 미리부터 걱정해 본다. 돈 버는 수단으로 전락하거나, 영악한 현대인들의 신종 고려장으로 오·남용될 것 같아서다. 복지보다는 전혀 엉뚱한 방향으로 흘러가고 있다.

요양원은 말 그대로 요양하는 곳이다.

휴양하면서 조리하여 병을 치료하는 것이 요양원이다. 이런 측면에서는 잘만 운영한다면 노인들에게 이보다 더 좋은 의료혜택은 없으리라. 핵가족 시대에 가족 혼자만의 능력으로는 해결할 수 없을 때 조직화한 기업의 손을 빌린다는 것은 절대로 나무랄 일이 아니다. 보호사, 간호사와 흰 가운을 입은 의사들의 진료를 조석으로 받을 수 있다는 점과 공동으로 간호인을 쓸 수도 있어 경비를 절감할 수 있다는 차원에서 요양원은 매력이 있다.

무서운 것은 복지 개념에서 돈을 만드는 사업 수단으로 변질해 가는 것이다. 교회가 운영하는 자선 사업도 아닌데 누구 좋아하라고 복지 복지 하면서 황금을 돌로 보겠는가. 수익성 있는 사업으로 알고 돈 좀 벌어보자며 너나없이 매달리기 시작하는 데 문제가 있다. 어린이가 유치원에 들어가기 전에 유아원에 보내는 것처럼, 노인도 장례예식장에 가기 전에 요양원에 먼저 들르는 것쯤으로 생각하고 개념 없이 사업을 벌이는 경우다.

요양원은 인구 밀집 지역으로 모여든다.

마치도 옛날 다방의 경우처럼 유동인구가 많은 곳에 위치한다. 교통이 편리하고 가족들이 한밤중이라도 들를 수 있는 손쉬운 곳을 찾는다. 환자의 요양을 위해 공기가 좋은 곳이거나, 소음으로부터 먼 한적한 곳에 있지 않다. 날고 들기 좋은 곳을 최우선으로 한다. 입·퇴원이 쉽고 특히 장례식장이 있는 큰 병원 부근이 안

성맞춤이다. 환자 중심에서 성한 사람 중심으로 바뀌었다.

요양원 노인에게 보육원 육아 같은 관심이 있을 리 없다.

처음에는 몇 번 찾아오지만, 얼마 가지 않아 보호자의 방문 횟수는 점점 줄어들고 급기야 죽어도 오지 않는 이마저 있다고 한다. 노인을 버리기 위한 순서 같아서 현대판 고려장이란 말이 더 잘 어울린다. 환자 치료보다는 가족의 고생을 덜기 위해 환자 격리에 더 치중하고 있기 때문이다. 이것이 요양원이 만들어 내는 한국 사회의 비극이다.

집에서 장례를 치르는 사람이 드물다. 병원마다 장례 식장이 성업 중이다. 가정에서 병시중이 어렵다며 너나없이 요양원에 환자를 맡기기 시작한다. 요양원도 장례식장 못지않게 성업 중이다. 사업가는 요양원이란 돈 버는 아이템이 하나 더 생겨서 좋고, 노인이 있는 집은 요양원에다 부모를 모실 수 있어 좋다. 명색이 요양하는 곳이니 아무 데나 부모를 내다 버렸다는 소리를 듣지 않아서 좋다. 찾는 사람이 있어서 공급자가 생겨난다. 한 집 건너 한 집으로 옛날에 다방 생기듯 요양원이 대세다. 수요와 공급이 맞아떨어진다. 사람 사는 풍습도 달라져 부모도 거동이 불편해지면 서슴없이 가족구성원에서 탈락시켜 이곳으로 옮기기 시작한다. 요양원이 노인을 버리거나 거동 불편한 이들을 수용하는 장소로 변질할 것을 우려한다.

서구에서 먼저 생긴 사회복지기구가 한국에서 재빠르게 황금

알을 낳는 사업으로 유행병처럼 번지고 있다. 여기에까지 장삿속을 넣는다면 우리는 좋은 머리를 엉뚱한 곳에다 쓰고 있는 꼴이다. 아무리 돈이 되기로서니 돈을 번 당신도 가까운 장래에 이곳 신세를 져야 할 때가 올 텐데, 자신을 옥죌 장치를 너무 망가뜨리지 말아야 할 것이다.

딸아이를 그리며

꼭 이른 새벽에 전화가 온다.

"저흰 잘 있어요."

아무 일 없다는 안부전화가 어찌 내 귀에는 "아빠 힘들어요."로 들릴꼬? 수화기 들기가 망설여질 때가 있더라.

부모님 쪽 전화면 편찮을 가능성이 크고, 출가한 딸자식 것은 도저히 못살겠노라며 비상사태를 선포하는 경우가 많다는 우스개를 들은 적이 있다. 숙제 다 풀었다며 너털웃음 날릴 것 같아도 아비는 늘 네 생각을 끼고 살아야 한단다. 지나 보아라, 때가 되면 알게 되리니. 내 오금은 오늘도 펼 수가 없구나.

완전히 뿌리를 내렸겠지.

그쪽 집 귀신이 이 다 되었겠지.

바보들이나 하는 말이다.

그건 내가 죽어서야 가능할 일이겠지. 한 해 두 해 소걸음이 일곱 해를 지나는구나. 아무튼, 잘 견뎌주는 네가 무척 고맙다. 출가외인이란 말은 내 사전에 없는 말이다. 여식이란 아버지에겐 보이지 않는 혹이다. 아마도 나는 너를 달고 다니는 혹부리 영감일 게야.

명당

산 사람이 찾는 것이 명당이다.

죽으면 오감(시각, 청각, 후각, 미각, 촉각의 다섯 가지 감각)이 모두 없어지는데 좋은 자리, 나쁜 자리 분별을 어떻게 할 수 있으랴. 죽은 후에 땅에서 나온다는 복락이란, 말이 되지 않는다. 종교인이라면 천국에서나 가능할 일일 거라고 말할 것이다. 살아서야 강남이 좋고, 교통이니, 학군이니, 남향이니, 로열층이니 하지만, 사통팔달 교통도 신출귀몰하는 귀신에게는 아무런 의미가 없을 것이다. 명당은 산 사람에 의한, 산 사람을 위한 것이지 결코 죽은 사람을 위한 축복이 되지 못한다.

묏자리 한번 잘 써서 팔자를 고칠 수 있다는데 누가 명당을 싫어할까.

복권에 매달리기보다는 이 길이 훨씬 쉽고 빠를 것이다. 자자손손이 돼지나팔 집안이 되어 재수가 늘어진다고 하지 않았던가. 그렇다면 과연 명당은 있기라도 한 것일까? 아니면 공연한 공상 같은 것에 마음들을 빼앗기고 있는 것은 아닐는지. 정말 명당이 존재한다면 풍수들이 그 해박한 식견으로 남의 무덤이나 살피고 다닐 겨를이 있을까? 자기 것 찾느라 바쁘겠지. 엘도라도가 따로 없다. 복권에 당첨번호를 본인이 직접 써넣을 수 있는 능력이 있으면서 구멍가게에 쪼그리고 앉아 복권이나 팔고 있지는 않을 것이다. 불행하게도 세상의 풍수들은 하나같이 궁핍하게 산다. 마치도 용한 점쟁이가 남의 점은 치고 있어도 제 앞가림은 못 하는 것과 무엇이 다르랴.

자고 일어나니 갑자기 부자가 되었다. 하늘에서 돈벼락이 친 것이다. 아파트 단지가 들어서고, 고속도로가 나고, 산업단지가 들어서고, 그야말로 상전벽해가 따로 없다. 개발 예정지가 된 선산은 높은 평당가로 보상을 받는다. 하늘에서 돈바람이 싱싱 불어 떨어졌다. 명당이라고 큰소리치자마자 재수 없는 집이 된다. 돈이란 것이 험난한 고행의 길을 만든다. 돈벼락도 갑자기 맞으면 날벼락이다. 기쁨은 순간일 뿐, 벼락의 후유증은 오래 간다. 집안 인심이 흉흉해졌다. 아저씨, 삼촌, 고모 등 관계란 관계는 모두 풍비박산이 되었다. 이전투구는 가족들을 모래알처럼 흩어지게 했다. 벌어졌다던 돼지나팔이 순식간에 오므라들어 버리고 콩가루 집안이 된다. 복과 화는 마치 동전의 앞과 뒤 같다. 명당이 흉당으로 변해 버렸다. 조상은 슬퍼해야 한다. 보상으로 후손이 돈을 쥐면 조상은 누웠던 유택을 잃어야 한다. 살아서 지겨웠던 이사를 죽어서도 떨치지 못한다. 분묘 이장이란 조상을 두 번 죽이는 일이다. 보상금을 세고 있을 동안, 전세기간도 다 채우지 못하고 쫓겨나야 하는 조상의 신세를 상상해 본다.

앞으로는 죽어서도 누워 지낼 생각을 하지 말아야 한다.

산 사람도 등 붙일 곳이 부족한데 하물며 죽은 사람에게 돌아갈 땅이 어디 있겠는가. 오히려 자연보호를 위해서는 기존에 있는 무덤까지도 자연으로 돌려주어야 할 때가 올 것이다. 우리나라 대도시 화장률이 70%를 넘고 있으며 가까운 일본은 90% 이상이라고 한다. 장묘문화도 봉안당이나 수목장, 화초장 등으로 바뀌고 보니 풍수라는 말이 점점 사라지고 있다. 명당이란 말은 바람과 함께 사라져 버릴 날이 머지않다. 풍수를 모르면 봉황이니 청룡이니 하는 전설 속의 동물도 서툴러질 것이다. 죽어서 우리가 돌아갈 곳은 곧 바람 부는 방향이 될 것임 자명하다. 화장의 다음 단계는 한 줌의 흙도 아닌, 흔적조차도 없이 사라질 공중분해 시대가 오지 않을까 싶다.

덜 신사

덜 신사란 기대치에 못 미치는 사람을 말한다. 겉으로는 멀쩡하지만, 자세히 살펴보면 신사와는 거리가 있어 순도가 떨어진다. 이런 신사를 놓고 시시비비는 무리겠지만 그렇다고 그냥 두고 넘어가기에는 어딘가 찜찜하다. 적절한 단어가 없으니 그냥 덜 신사라 해두자.

사내 하나가 시내버스에 올랐다. 운전기사와 승강이를 시작한다. 그가 만 원짜리를 내밀자 기사 분은 잔돈이 없다며 다음 차를 이용하라고 한다. 대화가 길어지자 운전자는 시동마저 꺼 버리고 사내를 끌어내릴 기세다. 차는 정류장을 떠날 생각을 하지 않는다. 사내는 연신 만 원짜리를 흔들어 보인다. 꼴에 자존심은 있어서 무임승차가 아니라는 시위쯤이겠지.

말 같지 않은 흥정을 했다. 동구 시장 앞이 자기 집이란다. 잠시 서서 기다려 주면 얼른 들러 잔돈을 가져오겠다는 것이다. 희귀한 일이다. 배짱이 좋다고나 할까, 아니면 뻔뻔스럽다고 할까? 잔돈이야 있을 때도 있고 없을 때도 있겠지만, 버스를 자기 집 앞에 세워주는 일이 가능할 것인가. 택시를 타도 남을 큰돈을 들고서 버스에서 승강이를 벌이는 꼴이 혼자 봐 주기가 아까운 코미디에 가까웠다.

고래 싸움에 새우 등이라더니, 뒷좌석의 나는 안중에도 없었다. "승강이 그만하고 갑시다. 나도 승객이요." 내가 인기척을 내자 시동은 다시 걸렸고, 사내는 결말도 보지 않은 채 얼른 내 쪽으로 와서 덥석 앉아버린다. 기사란 직업도 길바닥 영업이라 이런 뚱딴지와 굳이 끝을 볼 필요가 있겠는가 싶어 못 이긴 척 대강 해두는 것 같았다. 적반하장으로 상황을 반전시켜 사내의 기세가 당당해지기 시작한다. 딱딱 소리 내며 목뼈 꺾는 모습이 보통내기가 아니다.

빨리 가자고 닦달한 것은 나다. 버스비를 내가 대납해 준다면 운전자도 사내도 양쪽 모두 기뻐하리라는 생각이 들었다. 나도 엉겁결에 착한 사마리아인이 되겠다는 착각에 빠져 버린 모양이다. 사내에게 돈을 내밀었다. "저~, 잔돈 여기 있으니." 순간 나는 혐오에 찬 그의 눈과 마주치고 말았다. 화풀이가 내 쪽으로 옮아올 형국이다. 내민 천 원짜리 지폐가 순간적으로 흔들리고 있었다. 도로 집어넣을 수도 없고, 받아달라고 계속 사정할 수도 없지 않은가. 결자해지의 심정으로 운전석 쪽으로 가서 차비를 대납하고 자리로 돌아왔다. 기사 양반이 고맙다며 연거푸 인사를 했다. 정작 인사는 젊은이 쪽에서 나와야 할 것을.

집이 동구 시장 쪽이라고 했었다. 이 일을 어쩌나, 내가 내려야 할 곳도 그곳인데. 사내와 같은 정거장에 내린다는 것이 어쩐지 마음이 내키지 않았다. 버스가 요동을 치기 시작하니 부릅떴던 사내의 눈은 순하게 감겼고 오래지 않아 깊은 잠에 빠져들었다. 나는 야반도주하듯 내릴 곳을 몇 정거장 앞당겨 버렸다. 돈 주고 뺨 맞느니보다는 화근을 예방하는 것이 좋겠다는 생각에서다.

어느 날 나는 그를 보았다. 아침 산책을 나온 모습이 여유 있는 귀공자 모습이었다. 설마 했지만, 머리 모양이 알맞게 자라 있었다는 것 외에는 틀림없는 그다. 버스 간에서 풍겼던 사기꾼 모습은 오간 데가 없었다. 일부러 그의 시선을 끌어 보려고 앞서거니 뒤서거니 해 보았지만, 도무지 나를 기억해 내지 못했다. 아는 체를 하지 않더라는 쪽이 더 적확할 것 같다.

지난여름에 '네'가 했던 일을 '내'가 알고 있다는 이유로 등을 돌린 것이다.

"고마웠습니다."라는 말 한마디가 어려운 것이라면, "싱거운 양반, 아무 데나 끼어들어 남의 사업 방해하지 마시오."라며 되레 날 용서해 주었어도 통 큰 사내라고 불러 주었을 것이다. 결국, 그는 이도 저도 못되는 덜 신사에 머물렀다. 낯모르는 '지킬 박사'에게서 생뚱맞은 '하이드'의 모습을 떠올리며 2%가 모자라는 신사의 갈증을 느껴야 했다.

뒷짐

뒷짐질 나이가 아니라고 한다.

나이가 몇이나 된다고 벌써 뒷짐이냐며 발끈한다. 그렇다면 뒷짐 지는 때가 따로 있다는 걸까? 누가 주는 자격도 아닌데 벌써라니. 경제활동에서나 사회활동에서나 제동 장치가 고장 나서 브레이크가 밟히지 않는 사람이 너무 많아서 탈이다. 뒷짐이란 용어가 부정적으로만 쓰여 왔기 때문에 고약하게 들렸을 것이다. 뒷짐은 결코 퇴출을 뜻하거나 쓸모 있다, 없다는 의미가 아니다.

일은 할 때가 있는 법이다.

서양 속담에 '건초도 햇볕이 날 때 말리라(Make hay while the sun shinning)'는 말이 있다.

'개도 제 시절이 있는 법(Every dog has his day)'이란 격언이 있다.

젊어서 허송세월 보내지 말라는 권고다.

젊은이는 물론 노인들에도 적지 않는 의미가 있다.

저물녘에 건초 말리겠다고 나서지 말라는 주의라고 보면 어떨까 싶다. 좋다는 개 팔자도 늘 좋은 것이 아니니 때와 장소를 가리라는 권고다. 일 할 때는 일하고 뒤로 빠져 줄 때는 과감하게 빠져 주어야 한다. 개인 건강을 위해서라도 뒷짐은 좋은 자세이며 구성원들에게는 큰 덕을 베푸는 것이다.

자기 존재감을 드러내려는 사람들이 많다.

차려 자세로 인생을 살겠다는데 누가 그것을 말릴 수 있겠는가? 그러나 이런 부류의 사람일수록 염치가 없고 낯 두꺼운 사람이 대부분이다. 뒷짐 좀 져 보라고 권해주고 싶다. 신경 좀 꺼달라고 '원로'나 '고문'으로 모셔 놓아도 오래 뒷짐을 지지 못한다. 주머니 속의 송곳처럼 자꾸 앞으로 불거져 나온다. 뒷짐을 져야 할 나이에 밤 놓아라, 대추 놓으라며 점점 더 참견이 심해진다. 세상일에 너무 관심이 많다. 대단한 분들이 한둘이 아니다.

"그 연세에 대단하십니다."라는 말은 조롱이다.

나이를 수월찮게 먹어가는 노인에게서 무엇이 그렇게 대단할 것이 많이 있겠는가? 좋은 말씀 한마디 해 달라며 덕담을 청하기도 하지만 공연한 가마 태우기다. 내가 정말 알아야 할 모든 것은 유치원에서 다 배웠다는 책이 나올 정도로 젊은이들은 영악해져 있다. 며칠 신문을 보지 않으면 몇 년이 뒤처지는 세상이다. 그들이 정작 듣고 싶은 것이 노인의 한 말씀이겠는가? 대단하다는 말에 힘입어 더 대단해지려고 하다가는 그만 존경을 잃는다.

뒷짐이 가장 편한 자세다.

그냥 한번 해 보는 이야기가 아니다.

뒷짐을 지면 굽은 가슴이 펴지고 척추가 꼿꼿해지게 된다. 그리고 자세가 굽을 때 뇌는 몸의 불안을 느끼고 앞쪽 배에다 지방을 실어 주었는데, 상황이 반대되니 배에 실어놓은 지방을 오히려 덜어낸다는 것이다. 뒷짐은 척추 문제와 비만 문제를 동시에 해결해 줄 수 있다고 한다. 그동안 게으르고 거만하고 볼품없는 자세로 손가락질하던 것이 요가에 못지않은 건강자세라니 이 땅의 원로, 고문 어르신들에게 강하게 추천하고 싶다. 뒷짐은 결코 퇴출이나 폐기와 동의어가 아니다.

이왕 뒷짐을 질 바에야 마음까지도 같이 뒷짐을 지면 어떨까?

조용히 계셔만 주어도 내공이 깊은 어른으로 존경받을 수 있다.

경영학자들은 경험에 의존한 경영을 경계하고 있다. 의사결정의 인자는 너무나 많아서 경험도 그 중 한 부분일 뿐이라는 것이다. 때론 어른들의 경험이 창의성을 저해하는 것으로 젊은이에게는 독소가 될 수 있음을 지적하고 있다. 달팽이 걸음의 사고로 현대생활에 훈수를 할 것들이 그리 많지 않을 것이다.

사무엘 울만의 청춘이란 시를 많이들 애송하고 있다.

머리를 드높여 희망이란 파도를 탈 수 있는 한, 비록 팔십 세일지라도 영원히 청춘으로 남을 것이라고 했다. 육체의 나이는 그저 숫자에 불과할 뿐이라는 것에 크게 힘을 입는다. 청춘인지 아닌지는 스스로 판단할 일이다. 문제는 잘나가는 청춘이 너무 많다는 데 있으며, 착각하는 사람들 대부분은 나이 든 사람이라는 데 있다.

지금은 뒷짐 지는 어른이 필요하다.

힘들이기보다는 힘 빼기가 더 어렵다는 것은 골프장에서나 통하는 가르침이 아니다. 기억력이 대단하다거나 힘이 장사라거나 아직도 청춘이라는 말을 들을 때가 곧 힘을 뺄 때가 된 것이다. 뒷짐은 결코 게으르고 볼품없는 사람들이 하는 짓이 아니다. 옛날 어른들은 자주 뒷짐을 지고 마을을 한 바퀴 돌았다. 어른들이 뒷짐 덕분에 존경받던 시절을 기억하자. 뒷짐이 곧 노인네들의 트레이드 마크가 되어야 한다. 뒷짐은 가장 편한 자세다.

4 수컷에게도 희망이

나는 수컷이다. 아쉬운 '아버지'다. 가시고기나 펭귄의 대열이나 불길에 뛰어드는 축에 못 끼는 수컷이다. 오히려 도망간 수탉이나 강연자의 아버지와 더 가까운 속성을 하고 있다. 다행히 헛간의 불이나 폭탄의 굉음이 나를 시험에 들지 않게 해서 욕먹을 기회가 없었을 뿐이다. 생계를 책임지고 있다는 명분으로 늘 산소마스크를 내 쪽에 들이대고 살았던 이기적인 아버지다.

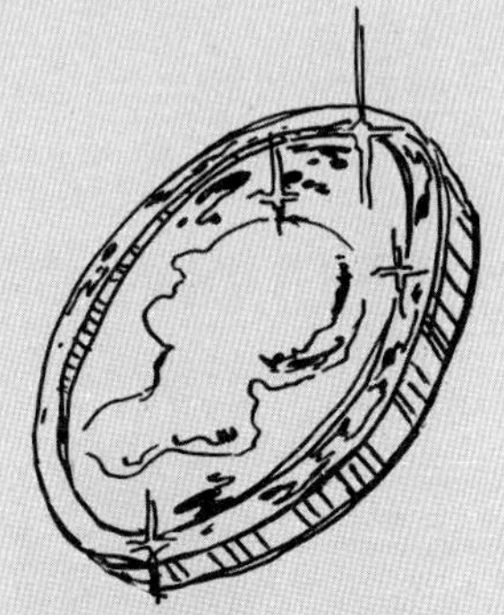

선입견 때문에

오래 전 미국을 방문했을 때의 일이다. '한 사람은 모두를, 모두는 한 사람을.'이라는 표어를 공항에서 보았다. 나는 이 한 줄의 문장에 크게 매료되어 몇 번이나 읽고 또 읽었다. 미국이라는 나라가 표방하는 민주주의가 이런 것이구나 생각하면서 묘한 감정에 사로잡혔다. 입 출국 인파에 떠밀려, 미처 수첩에 기록할 여유를 가지지 못했으나 문장이 길지 않아 다행이었다. 이후 미국이란 나라를 말할 기회가 있을 때마다 이 한 줄을 앞세우며 민주주의를 자랑해왔다. 인권존중, 인간 존엄을 말할 때 이보다 더 명확한 표현이 있을 수 있겠는가?

똑같은 문장을 법정 스님의 글에서 발견하고 다시 한 번 더 놀랐다. 『한 사람은 모두를, 모두는 한 사람을』은 법정 스님의 법문

집의 이름이면서 내용 중에 이를 제목으로 쓴 글이 있다. 스님이 어디서 이런 문장을 인용했는지는 본문 가운데 있다. 『화엄경』 법성계에 '一卽一切多卽一일즉일체다즉일'이란 말이다. 불가에서의 말하는 이 글의 뜻은 '하나가 곧 전체이고 전체가 곧 하나'라는 가르침이다. 한 사람은 모두를 위하고, 모두는 한 사람을 위하는 삶이 되어야 한다고 했다. 남이란 타인이 아니라 또 다른 나이다. 그것이 곧 진정한 깨달음이고 진리의 세계라고 했다. 큰 사상은 동서양이 다를 것이 없구나 싶었다.

원문 조사에 나섰다. 주로 민주주의 선봉자 역할을 했던 영국과 프랑스 사상가들을 중심으로 자료조사를 했지만 쉽지 않았다. 마치 숲 속에서 잃은 바늘을 찾고 있는 어리석음이다. 누가 이 말을 처음 사용했단 말인가. 미국 수도인 워싱턴 공항에 내걸 정도라면 성경 구절이거나 돌 판에 새긴 십계명 정도는 되지 않을까. 애쓴 보람이 있어 드디어 찾아냈다. 전혀 예상치 못한 곳에서다. 영어식 표현 'One for all, all for one'은 듀마의 삼총사Alexandre Dumas' Three Musketeers에서의 주제였다. 삼총사는 17세기 프랑스에서 왕실 총사를 꿈꾸는 청년 '달타냥'과 프랑스 왕의 친위부대 삼총사 '아토스', '포르토스', '아라미스' 세 사람의 모험과 우정을 그린 작품이다.

문장에 대한 매력이 시들해지기 시작했다. 이념 서적도 아닌, 명망 있는 사람의 명언도 아닌 소설에서 나온 글이란 선입견 때문이다. 더욱 나를 실망 시킨 것은 이 문장이 미국보다는 공산국가에서 먼저 인용되고 있었다는 사실이다. 공산국가에서는 단합을 강조할 목적으로 사용되었다. 국가가 하는 일이 바른 일이라면 개인은 무조건 집단에 힘을 보태야 한다는 식이다. 국가는 개인보다 우선한다. "'하나는 전체를 위하여, 전체는 하나를 위하여'라는 집단주의 원리는 우리 사회의 중요한 특징이며 본질적 우월성입니다." 천리마 운동이 한창이던 반세기 전 북한에서의 체제 선전 문구였다. 팥으로 메주를 쑨다는 거짓말을 했던 사람들이 애용했다는 기록이 남아있다. 공산주의라는 선입견이 작용해 버리니 명문장도 어느 날 갑자기 쓰레기통에 넣어야 할 잡 문장으로 전락하고 말았다.

꽃나무는 이슬을 먹고 꽃을 피우지만, 뱀은 같은 이슬을 먹고 독을 만든다는 말에 위안 삼는다. 소설의 주제인 친구 간의 '우정'에서 민주주의의 꽃을 만들어 가기도 하고 공산주의의 독을 감추어 넣기도 했다. '한 사람은 모두를, 모두는 한 사람을.' 이처럼 단순한 문장을 가지고 그동안 오두방정을 떤 셈이다. 궁금증은 풀렸으나 좋은 이미지 하나를 잃어버렸다. 지나치게 예민하고 감상적인 선입견 때문이다. 처가가 좋으면 처가에 박아 놓은 말뚝보고도 절한다더니, 미국에서 받았던 감동이 그런 것이었나 보다.

사랑의 편지

딸아이의 서랍 정리를 해 준다. 서방님 따라나서는 길이 얼마나 좋았으면 제 뒤처리도 하지 못하고 모두 떠났을까? 뒤에 하지, 시간이 나면 해주지 한 것이 5년이나 흘러 버렸고 자식들은 벌써 제 아이를 둘씩이나 낳았다. 꽤 오랜 시간이 흘렀으니 대부분 물건이야 쉽게 치웠지만, 생각만큼 쉽지 않은 것이 편지 꾸러미였다.

세 자매가 친정 나들이를 왔다. 다른 건 몰라도 이번 기회에 편지만큼은 직접 정리를 해 주웠으면 좋겠다며 이들에게 맡겼다. 며칠 후 집을 떠날 때는 모두 그대로여서 한 장도 버리지를 못했다. 편지 뭉치를 그대로 남겨두고 떠난 자식들의 딜레마를 이해할 것 같다. 모두가 다 소중한 편지란다. 그렇다면 하나도 중요하지 않다는 이야기나 마찬가지가 아닐까? 모든 사람을 사랑한다는 것은 특별히 사랑하는 사람이 없다는 논리를 적용했다. 주거공간도 부족한데 자식들에 대한 배려도 이쯤에서 거두어들여야겠다고 마음을 먹었다. 마르고 닳도록 아이들 물건을 신줏단지로 모셔둘 일이 아니지 않은가.

글을 쓰는 부모 입장이니 만약 한 아이라도 문학에 관심을 뒀다면 내 기준은 달라졌을 것이다. 후일 친구들과 주고받은 편지가 좋은 글감이 될 수 있다는 것을 잘 알기 때문이다. 한 번 더 선택의 기회를 주었지만 효과가 없었던 것은, 단지 버리기 아깝다는 이유 때문이었다. 원래 남의 편지라면 읽어보는 성미가 아니어서 설령 자식의 것이라 해도 내용에 대한 궁금증은 아예 없다. 일일이 읽어보고 이것저것 선별작업을 해 준다는 것은 양으로 보아서도 불가능했다.

전부 세절細切이다. 살림 사느라 눈코 뜰 새가 없는 주부생활에 소녀 시대의 일들은 생각으로만 간직해도 충분하지 않겠느냐는 생각에 편지의 효용가치를 평가 절하해 버렸다. 삶의 스무고개를 모두 넘은 무식한 아버지의 손에 잡힌 자식들의 편지는 아무짝에도 쓸모없는 것인 양 마구잡이로 직결 처분을 내렸다. 한 묶음의 편지만 선고유예를 받았다. 봉투를 이용하지 않고 꼬깃꼬깃 접어 도시락통에 넣어주던 엄마의 글과 아이들의 답신이다. 아내와 딸아이가 주고받았던 사랑의 편지는 예외로 할 것인가, 말 것인가? 아내 생각은 아이들 것만 보관하고 자기 것은 버리라고 했다. 엄마가 문問은 없애고 답答만 남기라고 했으니 아이들은 틀림없이 답 없는 문을 간직하고 싶을 것이다.

사랑을 느끼고 싶어 하던 나이, 아이의 사랑을 확인하고 싶은 부모가 주고받던 '사랑의 편지'는 이제 고전이 되어 색깔마저 노릿하게 되어있다. 벌써 30년이 훌쩍 지난 글들이다. 메모지를 곱게 접던 어머니는 할머니가 되었고, 아이들은 어느새 어머니가 되었다. 요즈음 손자들 '사랑의 편지'는 수첩으로 변해 유아원 선생님과 부모가 매일 주고받는다. 행동발달도 주요 기록사항이지만 응가를 못 했거나 미열이 있을 때도 빠짐없이 기록한다. '사랑의 편지' 주체도 엄마보다는 아빠들의 손에 의해 작성되고 있다는 것도 특이하다. 아버지 마음이 어머니보다 더 나긋나긋해지고 있다.

추억은 아름답다. 그렇다고 해서 마냥 간직해 두기엔 지금의 일상이 여유롭지 않다. 학교생활이 힘들고 마음이 우울해질 때 버팀목이 되어주던 엄마의 위로와 한 고비를 치를 때마다 하소연을 적었던 아이 간 '사랑의 편지'를 모두 세절했다. 추억보다는 아버지의 현실이 더 갑갑했다. 한정된 공간에 수용해야 할 물건 중 고르다 보니 '사랑의 편지'는 우선순위에서 밀려났다. 서재는 말끔해졌지만, 마음은 망설였던 것만큼 뒷맛이 개운하지 않다. 후회는 하지 않는다. 편지 뭉치를 껴안고 살아야 할 형편이라면 해결사는 아버지만 한 사람이 없다. 무색 무미 무취의 무덤덤한 아버지가 또 악역을 맡았다. 사랑도 몰라서 '사랑의 편지'도 세절하는 모진 아버지가 되었다.

사진 한 장의 아쉬움

조부님은 내가 태어나서 두 살 때 돌아가셨다. 아마도 4대 외동이 될 뻔했던 집안에 첫 손자(맏형)에 이은 두 번째(본인)의 득남이니 할아버지는 나의 출생을 무척 기뻐하셨을 것이다. 짧은 시간이나마 사랑을 쏟아 붓고 떠나셨을 할아버지는 도대체 어떻게 생기신 분이셨을까? 사진이나 초상화 한 장이 없으니 너무나 안타깝다. 세도가의 집안 내림이 아니어서 당시로서는 어쩔 수 없었을 것이다. 넉넉하지 못한 시절 민초의 삶에서 사진이나 초상화가 가능이나 했겠는가. 성묘를 갈 때마다 조부님의 얼굴을 몰라 갑갑해 했다. (할아버지 1881. 2. 20~1949. 7. 26)

다행히 조모님은 내가 초등학교 5학년까지 같이 생활하시다 세상을 뜨셨기에 때문에 지금까지도 기억이 생생하게 남아있다. 조모님은 사진도 있다. 전쟁이 막 끝날 무렵(1953년) 면사무소에서 노인들에게 찍어 준 독사진이다. 영정사진조차도 내세우지 못하고 장례를 지내는 집들을 생각해 경로행사의 일환으로 치렀던 행사였던 것 같다. 같이 찍겠노라며 억지를 썼지만 면직원의 허락이 나지 않아 할머니 곁에 내 얼굴을 넣지 못했던 기억까지 고스란하다. (할머니 1884. 5. 25~1959. 6. 10)

1900년대 초의 사진은 희귀자료로 인터넷에 몇 장 돌아다닐 정도로 드물다. 남대문이나 조선 마지막 왕가의 모습 등이 고작이다. 지체 있는 집안에서나 화백을 불러 사진 대신 초상화를 만들지 않았을까 싶다. 글을 쓰면서 나는 조부께서 사셨던 당시의 호적을 펼쳐보고 있다. 일본에 나라를 빼앗긴 설움이 여기저기에 배어 있었다. 출생연도부터 이해가 어렵게 '명치明治' 14년이다. 서기년도를 환산하기 위해서는 명치의 시작을 조사한 후 거기서 14년을 더해 1881년생이란 것을 가까스로 알 수 있었다. 일본어로 표기되어 있어 읽기조차도 난감한 것들이 많았지만, 다행히 서툰 일본어 해독능력이 도움을 주었다. 출생연도 하나도 암호 풀듯이 해야 가능한 조선 말기에서 대한제국사이의 일들이니 어찌 우리 조부만 원망할 일이던가. 조부는 잊어도, 기억해도 좋을 선택의 분들이 아니다. 증조, 고조부까지는 못 하더라도 아무래도 스킨십이 이루어졌던 조부모는 가까운 가족 구성원이었다. 얼굴은 물론이고 존함까지도 알아야 한다.

부모님 양쪽을 모두 여읜 지도 스무 해가 넘었다. 부모님과 같이 찍은 사진은 수없이 많이 간직하고 있으니 아쉬움이란 없겠지 하겠지만 천만의 말씀이다. 지금은 사진은 물론이고 육성까지 담아놓는 시대로 변천했다. 조부 때의 사진 못지않게 부모님의 목소리나 동영상을 담아두지 못한 것을 후회하고 있다. 충분히 밥 먹고 사는 주제에 이젠 누굴 탓하랴. 모든 게 자신의 게으름 탓이로다.

'뿌리Roots'는 '알렉스 헤일리Alex Haley'라는 흑인작가가 쓴 소설을 드라마로 각색한 것이다. 어릴 적 할머니에게서 들은 이야기를 염두에 두고 가족사를 소설로 구성하였다고 한다. 주인공 '쿤타 킨테Kunta Kinte'는 헤일리 작가의 7대 선조(Gambia, 1750)이다.

중국을 배경으로 한 영화도 있다. 가문의 영광을 위해 연로한 아버지를 대신하여 전쟁터로 나간 소녀와 그녀를 돕는 '화花' 가문의 조상신들 이야기를 영화로 꾸민 것이 '뮬란木蘭'이다. 윗대 선조가 살아온 가문에 대한 긍지가 없었다면 이러한 영화나 드라마는 세상에 빛을 보지 못했을 것이다.

역사 공부를 통해 외국의 독립 운동사나 그 나라 대통령 이름은 알아도 정작 자기 할아버지 할머니 이름도 모르는 사람들이 얼마나 많은가. '뿌리'도 아니고 '뮬란'의 긴 이야기도 아닌, 조부모님 용안이나 이름 석자 정도는 기억하고 살기 위해서는 생전의 모습들을 많이 담아 놓아야 한다.

생이란 결코 혼자만의 것이 될 수 없다. 우리는 다음, 그 다음 세대에까지 바통을 넘겨가야 할 계주 중의 한 사람이다. 지금은 흔해빠진 사진, 그러나 그 사진 한 장이 남아나지 않아 가슴 아파해야 하는 시대가 있었다. 세월이 아무리 변해도 부모나 조부에 대한 사랑과 공경이 달라지지는 않는다. 그리움도 변하지 않는다. 애완용 강아지에게로 쏠려있는 디지털 카메라를 오늘 당장 저녁상 앞에 앉아 계신 조부모님이나 부모님께로 돌려 사진과 음성이 담긴 동영상이라도 만들어 보면 어떨까 싶다. 미리 미리 대비해 놓지 않으면 돌아가신 뒤에 후회할 것이다. [春不耕種 秋後悔]

봄이 더디다

계절은 맺고 끊음이 없다.

우유부단해서 이 핑계 저 핑계로 결심을 미루는 소심한 윗사람 같다. 특히나 봄을 인계하는 겨울의 태도는 불분명해서 물러날 생각이라도 있는지 모를 정도다.

입춘이 2월이고, 우수, 경칩이 3월이었지만 날씨는 여전히 겨울 분위기여서 눈발이 사납다. 추웠다 풀리기를 반복하는 사이 변덕도 지쳤는지 4월이 지나서야 겨우 긴가민가 싶을 정도로 낌새만 보인다. 봄 눈이야 연례행사가 되어 버렸지만 식목일까지 뻗친 것은 19년 만의 일이라고 한다. 올봄은 유난히 더디다.

다른 계절은 너무 앞장서서 탈이다.

중간 휴식도 없이 강행하는 운동 경기 같아서 숨 가쁘게 넘어

간다. 봄맞이 하다가, 여름이고, 여름인가 싶을 때 가을의 문턱으로 들어선다. 단풍이다 싶으면 어느덧 일기예보에서는 첫 얼음과 눈 소식을 내보낸다. 모두가 급행인데 봄만 느린 완행이어야 하는가? 간절히 기다리는 것은 쉽사리 모습을 드러내지 않는 법이어서 그럴까? 서양의 시인 셸리Shelley는 그의 시 <서풍의 노래>에서 겨울이 오면 봄이 멀지 않았다If winter comes, can spring be far behind?고 했다. 시인은 겨울의 시작을 보면서 벌써 봄이란 계절을 기다린 것이다. 기다림이 간절할수록 자연自然은 인간에게 자연스럽지 못하게 대한다. 잎이 떨어진 곳에 다시 새싹이 돋을 때쯤이면 봄이겠지 생각하지만, 새싹 위에도 찬 바람이 몇 번 더 불어야 하고 눈이 쌓여야 한다.

인간도 자연을 닮았을까? 맺고 끊음이 없이 애매한 관계가 대부분이다. 자연스러운 속내는 대중가요에서 묻어난 사연들에서 쉽게 나타난다. 가도 아주 가지는 않겠노라며 미련을 남기고 헤어지고, 살아도 사는 것 같지 않다는 상념으로 사랑을 갈구하고, 미운 정 속에 고운 정을 담아내어 미워도 다시 한 번 푸념을 떨기도 한다. 우물쭈물 겨울이 가듯, 삶도 그렇게 어정쩡하다.

나의 계절은 어디쯤일까? 애매하긴 마찬가지다. 봄의 연장선이어서 곧 잎이 무성한 여름이 올 것 같기도 하고, 가을의 연장선이어서 단풍이 아름답게 들 것 같기도 하다. 인생이 참 아름답다고 생각하고 있는 한 모진 추위와 눈보라는 상상이 되지 않는다. 겨울만 비켜서 살고 있다. 나이를 의식할 때가 제정신일 테지만, 제정신은 가끔일 뿐이다.

공부해 볼까? 학위를 마치려면 한 5년은 걸릴 텐데. 그러다 일흔 넘겨 그 학위 어디에다 쓰려고? 악기 하나라도 반듯하게 다룰 수 있어 '나도 음악가다'에 출연해 보고 싶기도 하지만 그러면 10년은 걸릴 테니 그때쯤 내 노래를 들어줄 사람이 몇이나 될까 싶기도 하고, 미루다가 좀 쳐버린 오래된 붓과 벼루를 정돈하며 서도를 해 볼까 싶기도 하지만……, 모두 글쎄다. 쓰다 남은 몽당연필 같은 자투리 시간을 가지고 이리저리 재보고 있는 것이 아닐까 싶어 행복한 고민을 접는다.

노역勞役은 무리다. 욕심은 이쯤에서 멈추어야 한다.

석양의 붉은 노을로 세상을 끝까지 멋지게 태워 보겠노라는 노익장을 뽐내던 사람이 있었다. 그의 황혼이 매우 아름답게 보였다. 호언장담으로 기개를 살렸다는 것에 박수를 보낼 뿐 그가 얼마만큼 세상을 불태우고 있는가에 대한 기사는 후일 기대하지 않는다. 노병은 죽지 않고 사라질 뿐이라는 말을 한 맥아더가 더 솔직하고 돋보인다.

꽃 피는 봄이 올 것인가? 3월을 다 보내며 봄을 기다리고 있지만, 정작 나의 봄은 어떨는지 모르겠다. 예전처럼 화려한 봄이 아니어도 좋겠다. 오는 건지 가는 건지 모를 만큼, 나이 듦도 낌새가 더디니 봄날이 아주 무르익으면 느지막해서 노래방에나 한

번 들러 흥을 낼 것이다. <봄날은 간다~~>는 내가 좋아하는 노래다.

봄비에 젖고 있는 꽃망울을 본다. 매달린 빗방울이 아직은 얼음처럼 차다. 꽃은 언제 피려나 싶지만 모두 비가 그치면 곧 만개할 거라고들 한다. 쳐다보는 냄비의 물이 쉽게 끓지 않듯 기다리는 사람에게는 봄은 멀기만 하다.

'붓 가는 대로'의 향수

수필은 붓 가는 대로 쓰는 글이 아니다. 그동안 글을 쓰면서 이 말만큼 많이 들어 본 것이 없다. 좋은 뜻에서가 아니라 이것이 틀렸다는 전제하에 글 쓰는 이들을 계몽하기 위한 목적이어서 목소리도 높았고 표현도 거칠어 귀에 못이 박혀있다. 이젠 안심하여도 좋다. 사람도 가고, 세월도 갔기에 지금은 아무도 '수필을 붓 가는 대로 쓰는 글'이라 하지 않을 것이다. 붓 가는 대로 쓰는 글이란 말은 이미 죽은 말[言]이다. 죽은 말[馬]을 두들겨 패기란 부질없는 일이다.

수필을 붓 가는 대로 쓰는 글이라 했던 사람은 과연 누구였을까? 모두들 우리가 배웠던 국정교과서의 금아 피천득 선생의 '수필'이란 글제를 주목하고 있다. 그러나 그의 글속에는 수필을 그렇게 정의를 내리고 있지 않았다. 가장 가까운 의미의 문장이라면 '수필은 플롯이나 클라이맥스를 필요로 하지 않는다. 가고 싶은 대로 가는 것이 수필의 행로이다.'라는 말이 있을 뿐 '붓 가는 대로'는 금아의 '수필'에서 인용된 말이 아니다. 이 말은 김광섭의 1934년 김광섭의 <수필문학 소고>에서 나온 말이다.

'붓 가는 대로'의 정의는 금아와 동시대 사람들이 이구동성으로 떠들었을, 수필에 대한 일반적인 한자 풀이였을 것이다. 수필隨筆의 한자를 따를 수隨, 붓 필筆로 본다면야 이것도 무리가 있었던 말은 아닐 성싶다. 오늘날 수필이 붓 가는 대로 써서는 절대로 안 된다 것이 보편화된 것처럼, 당시의 '붓 가는 대로'가 중론이 아니었나 생각한다. '된다.'라는 말도 '안 된다.'라는 말도 양쪽 모두 근거가 빈약하긴 마찬가지여서 특정인물 하나를 희생양으로 삼고자 자꾸 두리번거리는 것은 의미 없는 마녀사냥일 터이니 '누가'라는 시비는 그만두는 것이 좋겠다.

'붓 가는 대로' 앞에다 '아무렇게나' '마구 쓴'이란 말을 의도적으로 붙여 나쁜 이미지를 더 극명하게 보이도록 노력했던 사람들 덕분에 해를 거듭할수록 '붓 가는 대로'는 당치도 않은 말이 되어 버렸고 수필 입문에 제일 먼저 들어야 하는 금기사항이 되었다. 이론서마다, 수필가마다 이구동성으로 잘못된 말이라 의견을 통일해 놓고 보니 지금에는 '붓 가는 대로'를 기억하고 있는 사람도 드물 것이니 수필 계를 위해 얼마나 다행한(?) 일인가.

수필이 주변 문학에 머물러야 했던 가장 큰 이유가 '붓 가는 대로 쓰는 글'이라는 수필의 정의 때문이라며 '붓 가는 대로'에게 모든 혐의를 뒤집어씌우기도 했다. 그렇다면 수필 발전에 가장 큰 걸림돌이었던 '붓 가는 대로'가 없어진 지금에는 수필이 문학의 중심으로 이동하였는가? 아니면 이동하고 있는가? 지금쯤은 우수한 명수필들이 넘쳐 나야 할 때도 되지 않나 싶은데 그런 기미는 보이고 있기나 하는가? 혹시 우리가 내렸던 수필에 대한 진단이 잘못된 것은 아니었는지 의구심마저 든다.

'아무렇게나' '마구' 등의 자의적인 꾸밈말을 붙여 놓은 친절에 대해서는 필자는 전혀 동의할 수가 없다. 소위 글을 쓰는 사람이 어떻게 '아무렇게나' '마구' 글을 쓸 수 있다는 말인가? 어느 장르에서 간에 글을 써 본 분이면 이런 작법에는 동의하지 않을 것이다. 수필이 하나의 작품일진대 이것이 그렇게 쉽게 쓰일 문학이 아니다. 마치도 '연습은 실전처럼 실전은 연습처럼' 하라는 코치의 말을, 시합을 연습처럼 '성의 없이' 하라는 말로 와전시켜 코치를 매도하려 드는 것과 무엇이 다를까? 수필에서의 '붓 가는 대로'란 붓 가듯이 흘러 자연스럽게 표현해 보라는 전문가들의 당부말이 아니겠는가 싶다. '힘들게 써서 쉽게 읽혀야 한다.'라고 하는 다른 말일 것이다.

잘 쓴 글씨를 평사낙안平沙落雁이라고 한다. 모래 위에 사뿐히 앉는 기러기의 모습을 이르는 말이다. 새가 가장 위험한 순간은 솟

구쳐 날아오르는 순간이 아니라 땅으로 내려앉는 순간이다. 날개에다 바람의 항력을 잔뜩 받아내려고 다리와 고개를 한껏 앞으로 내밀고 있다. 무게 중심을 잡는 무척 긴장된 순간이다. 물론 눈도 깜빡거릴 여유도 갖지 못하는 긴장감으로 새는 모래사장에 내려앉는다. 새들은 얼마나 착륙하는 연습을 많이 했으면 이 위험천만의 순간을 사람들의 눈에 사뿐히 모래사장에 앉듯 자연스럽게 보일 수 있었을까?

수필이 그러하다. 그동안 주옥 같은 작품들을 남겨 주었던 수필 계의 원로들의 글들은 얼마나 자연스러우면서 깊이 있는 수필들이었던가. 이들 수필의 공통점이란 '자연스러움'이다. 이들이 지향하고자 했던 것이 '붓 가는 대로'였다면 지금 우리는 왜 '붓 가는 대로'가 아니어야 하는가? 이런 글 뒤에 숨어 있을 글쓰기의 깊은 고행의 길을 이해하지 못해서일까? 명수필로 추앙받고 읽히고 있는 것들은 모두 글들의 자연스러움 덕분이리라 생각한다.

수필의 기원을 당송 시대의 홍매(호는 용재)라는 사람의 『용재수필容齋隨筆』에서 찾았다면 지금의 수필은 무엇으로 표현해야 할 것인가를 고민해 보았다. 수필이 복잡하고 어려운 형태와 모양으로 변해가고 있다. 독자는커녕 수필을 좀 쓰네 하는 사람끼리도 애써 땀을 흘려가며 이해를 돋우어야 할 만큼 고급화(?)가 이루어진다. 필자는 요즈음의 수필을 일러 『분재수필盆栽隨筆』이란 새로운 용어로 모셔주고 싶다. 철삿줄로 이리저리 비틀어가며 의도된 특정 형태의 모습을 갖춰가는 분재 가꾸기 같은 모습이 생각나서다.

수필隨筆이란 <隨 : 따를 수隨, 筆 : 붓 필筆>이라는 한자 풀이가 새삼 그립다. 언제가 나도 명수필 작가들처럼 붓 가는 대로 써 보았으면 하는 강한 충동을 느낀다. '붓 가는 대로'에 대한 진의는 '아무렇게나'에 있지 않고 '자연스러움'에 있을 것이라 생각하니 갈 길이 까마득하다. 사뿐히 앉는 기러기의 모습을 보여 주기 위해 추사 선생은 천 개의 붓을 닳게 하고 열 개의 벼루를 구멍 내었다고 한다. 나는 얼마나 많은 글을 쓰고 또 버려야 한단 말인가? '붓 가는 대로'는 더는 시비할 필요조차 없는 죽은 말[言]이기보다는 내가 타고 날아야 할 천마天馬라는 생각이 든다.

사랑을 아는 여인들

"사랑이라고는 조금도 느껴지지 않을지라도 나는 사랑을 믿습니다." 제2차 세계대전 중 유대인들이 갇혔던 쾰른의 지하 동굴에는 작가를 알 수 없는 글이 새겨져 있다고 한다. 앞뒤의 연결 문장을 굳이 밝히지 않더라도 알 만한 사람들은 다 알고 있는 명문장이다. 세상이 아무리 각박하다 해도, 나는 여성들의 살아가는 모습에서 보이는 아름다운 마음을 통해 세상은 아직 살아갈 만하다고 생각한다.

영화 <사운드 오브 뮤직>의 한 장면을 기억한다.

독일군을 피해 오스트리아를 탈출하는 '마리아' 일행이 수녀원으로 숨어들었다.

이들이 체포 일보 직전에 이곳을 무사히 빠져나올 수 있었던 것은 수녀님 두 분의 도움 덕분이었다. 세워둔 차량 부속품을 몰래 빼냈기 때문에 독일군은 시동을 걸 수 없었고, 우왕좌왕하는 사이 일행은 무사히 국경을 건널 수 있었다.

"원장 수녀님, 제가 죄를 지었어요."

"저도요."

비록 사람을 살리는 일이긴 했지만, 적군의 차량에 몰래 해를 입힌 것은 어디까지나 죄일 것이라는 생각에 원장 수녀님께 고백하고 있었다. 머리에 쓴 하얀 캡보다 더 하얀 순수함을 두 사람을 통해 보았다.

서울 종로구 일본 대사관 맞은편에 '위안부 소녀상'이 있다.

나라가 지켜주지 못한 조선의 어린 소녀들의 비극을 작품으로 형상화한 것이다.

날씨가 몹시 추웠던 지난겨울 소녀상을 걱정한 많은 사람들이 다녀갔다. 어떤 이는 쓰고 있던 모자를 벗어 씌워주기도 하고, 무릎이 시릴까 봐 담요를 놓아두기도 했다. 발이 시릴세라 발싸개를 둘러놓는 이도 있었다. 청동 조각상에 소녀의 피가 흐르고 있다고 생각하는 이들은 다름 아닌 이 나라의 딸들이었다.

감 가지를 꺾어 갔다가, 다시 돌아가 매달아 놓았던 할머니가 있었다. 책에서 나올 법한 동화 같다는 생각을 하겠지만 실화다. 딸 집에 다니러 왔다가 아파트 단지에 빨갛게 익은 감에 혼이 빼앗겨 가지 하나를 뚝 꺾어 방에다 모셔 두었다. 이때부터 불편해지기 시작한다. 모든 사람이 즐길 수 있도록 그냥 두어야 할 것을 혼자 욕심으로 꺾어 왔으니 마음이 편치 못했다. 보통사람이면 이번은 넘어가고 다음부터는 그러지 말아야겠다는 각오로 끝났을 것이다. 최 할머니 경우는 당장 원상복귀를 꿈꾸며 괴로워했다. 야음을 틈타 가지를 도로 가져와 제자리에 끈으로 칭칭 동여매 놓아 두고서야 마음이 편해졌다고 했다. 평소 보아온 품성으로는 충분히 그러고도 남을 분이다. 남에게 손톱만큼이라도 신세를 지면 하루해가 지기 전에 그것을 갚고서야 잠자리가 편해진다던 할머니였다. 머리카락은 하얗게 세었을망정 마음은 아직 어린이를 닮아 있었다.

글공부를 인연으로 어르신 분들과 자주 어울린다.

지인 한 분이 우연히 시내에 있는 교보서점에 들렀더란다.

책 구경을 하던 중 마침 필자의 책이 책꽂이에 꽂혀있는 것을 발견하고는 당장 그것을 뽑아 가판대 위로 올려 놓았단다. 한 사람이라도 더 보라는 뜻에서다. 들락날락하는 고객들이 하루에 얼만데 그 책이 종일토록 앞자리에 있을 수 있겠는가마는, 애송이 작가를 위해 해 줄 수 있는 일이라고는 그것밖에 없더란다. 일흔이 넘어도 열일곱 소녀 같은 할머니다. 평생토록 몸에 밴 착한 심성이 아니고서야 어찌 그런 생각이 나올 수 있을까? 할머니 마음을 흉내라도 내고 살았으면 좋겠다.

사랑이 없는 곳은 없다.

사랑이라고는 전혀 느낄 수 없는 세상인 것 같아도, 하찮은 곳에서도 들꽃 같은 존재로 사랑을 알리는 천사들이 있어 세상은 아직 따뜻한 곳이다. 흐린 날은 태양이 없는 것 같아도 구름 위에서 밝음이 존재하는 것과도 같다. 성경에는 '어린이' 마음이 아니고서는 천국 문에 들어갈 수 없다고 했다. 나는 '어린이' 자리에다 따뜻한 마음의 여인들 이름을 같이 올려놓아 본다. 충분히 천국 문에 들어갈 수 있을 여인들이라는 생각에서다.

살아있는 갈대

'베르디'는 갈대의 속성을 너무 일찍 속단해 놓았다. 그의 오페라 ≪리골레토≫ 중 '여자의 마음'에서 '여자의 마음은 흔들리는 갈대와 같다'는 표현이 여자도 모독하고 갈대도 모독했다. 이 때문에 강가에 서슬이 시퍼렇게 자라나는 '살아있는 갈대'를 보면서도 저것이 어찌 여자의 마음일까 하는 의문을 가지게 된다. 약하고 흔들리는 것이라는 의미에서 여자를 갈대 쪽에다 끌어들였겠지. 그렇지만 한 번이라도 여자가 갈대인 적이 있었던가? 아니면 갈대가 여성적이라 불린 적이 있었던가? 나는 아직 갈대인 여자는 만나보지 못했다. 남자는 세상을 지배하고 그 남자를 지배하는 것이 곧 여자라 하지 않았던가.

갈대는 튼튼하게 뿌리를 박고 있는 모습이 대나무와 닮은 점이 많다. 갈대도 대나무처럼 뿌리가 완전히 잡혀 줄기를 붙들어 줄 수 있을 때까지는 위쪽보다는 아래쪽에 내공을 다진다. 갈대의 뿌리 부분 첫 마디는 철삿줄보다 더 단단하여 송곳을 땅에 꽂아 놓은 듯 웬만큼 흔든다 해도 미동도 없다. 대나무는 4년이 되어도 순만 보이다가 5년 차에는 훌쩍 커버린다고 하지 않았던가. 긴 시간 동안 뿌리를 튼튼히 박은 다음에야 외형적인 성장을 시작한다. 이런 점에서 갈대는 대나무와 같은 반열에 올려놓아야 바른 대접이 될 것이다.

갈대의 모든 잎은 몸통을 감싸며 줄기의 성장을 돕는다. 아랫마디에서 시작한 잎은 다음 마디에서 새잎을 만나면 바로 바통터치를 해준다. 일정한 간격으로 마디를 만들어 가는 것은 줄기가 꺾이지 않도록 중간 버팀목을 만들어 주는 것이다. 이도 대나무와 꼭 같다. 갈대는 혼자 크는 법이 없어 군락을 이루어 떼를 지어 살아간다. 어지간한 바람은 어깨동무로 스크램블을 짜서 맞서지만, 태풍 같은 큰것에는 무모하게 맞서기보다는 못 이기는 척 보내 버리는 재주가 있다.

펄 벅은 소설 『살아있는 갈대』를 썼다. 우리나라를 배경으로 한 최초의 외국 소설이다. 작가는 왕성한 갈대의 생명력을 소재로 끈질기게 대를 이어가는 한국 근대사의 한 가정을 조명했다. 소설의 중심인물인 '김일한'을 중심으로 그의 아버지에서부터 손자에 이르기까지 4대 간의 가족사를 다루고 있다. '살아있는 갈대'가 가지는 상징은 짓밟히면서도 땅 밑에 감추어진 뿌리에서 다시 새눈이 솟아나듯 일어서는 끈질긴 생명력이다. 소설의 주인공인 김일환의 아들로 진취적 사상가이면서 독립 운동가인 '연춘'의 별명이 '살아있는 갈대'이기도 하다.

갈대는 살아도 죽어도 그 꼿꼿함에는 변함이 없다. 갈대 잎사귀는 날카로운 비수를 품고 있다. 산 잎은 자기보호의 본능을 가지고 있어 장미의 가시와 같다. 죽어서도 잎의 날카로움 때문에 장갑 없이 함부로 다룰 수 없다. 모든 수목이 잎을 떨어뜨리며 겨울을 맞이할 채비를 해도 갈대는 제자리에 서서 그대로 죽음을 맞는다. 자신들을 번성하게 해 주었던 무더웠던 계절과 산야에 감사하며 순명한다. 죽어서도 바른 몸가짐으로 장승처럼 서서 다음 생명이 나올 세거지지世居之地를 지켜준다.

비슷한 모양의 억새 풀도 있지만 갈대만 못하다. 갈대와 억새를 구분하는 사람이 흔치 않다. 특히나 잎 모양이 같아서다. 몇 번을 들어도 혼란스럽다고들 한다. 강가에 있다고 갈대이고 산에 있다고 억새가 아니다. 키가 크다고 갈대이고 작다고 억새도 아니다. 강가에도 억새가 있고 키가 작은 갈대도 있으니 훌륭한 식별법이 못 된다. 전문가다운 쉬운 판별법은 대나무처럼 마디가 있는 것을 갈대로 보면 되겠다.

갈대도 꽃이 있다. 여타의 꽃처럼 모양이 수려하지는 않다. 옥수수가 그러하고 수숫대가 그러하다. 갈대도 한 번은 꽃 대접을 받았다. 갈대의 순정을 노래한 사람이 있었으니 가수의 안목이 실로 한국적이다. 제아무리 세찬 바람이라도 살아있는 갈대를 꺾을 수는 없다. 갈대가 먼저 누워버릴 것이다. 갈대는 결코 바람에나 날리는 연약한 존재가 아니다. 흰눈 쌓인 들판에 가뭇가뭇 고개 들고 선 이들의 마른 잎에서 갈대의 혼은 살아있다.

품앗이를 생각하다

1. 대구 생활

나는 집을 많이 비운다. 주택에 살면 생각도 못 할 일이지만 아파트에서는 문만 걸어 잠근다면 몇 달씩이라도 가능하다. 어차피 지척의 거리에 살아도 서로 인사를 나누는 풍속도가 아니기에 좋은 이웃 나쁜 이웃이란 구분이 없을 테지만, 옆집 사람에게 늘 미안한 마음을 가지고 있다. 적어도 내 기준으로는 밖으로 나도는 사람이 곱게 보이지 않을 것이라는 자격지심에서다.

옆집은 젊은 새댁 부부가 산다. 어느 날 갑자기 문 앞에 유모차가 보이는 것으로 보아 서른은 되지 않은 것 같다. 가끔 나타나 뒷모습이나 비치는 옆집 사람이 유령 같아 보이는지 심하게 낯가

림을 하고 경계를 늦추지 않는다. 이런 상황에서 젊은이가 먼저 다가와 주기를 기다리는 것은 어려울 것 같고, 어떻게라도 통성명을 해야 서로 편해질 것 같은데 방법이 참 궁하다.

삶은 고구마를 은박지에 싸 들고서 문을 두드렸다. 경제력에 맞게 보다는 나이에 맞게 따뜻한 마음을 전해 보려는 생각에 시골풍의 인심이 자연스러울 것 같다는 생각에서다. 이편 전화번호를 건네고 젊은이의 전화번호를 얻어낸다. 긴급 시를 대비하는 것이니 혹시나 필요한 경우가 생기면 서로 연락을 하자고 부탁을 남긴다. 일 년이 지나도록 서로 연락을 취할 일이 생기지 않아 그나마 다행이다. 문 앞에 광고물이나 무가지 신문은 얼씬거리지 못한다. 새댁의 수고가 고맙고, 또 고맙다.

품앗이란 주거니 받거니 되어야 하는 건데 빈집을 맡겨놓고 삶은 고구마 몇 알로 너무 일방적인 신세를 지고 있어 미안할 따름이다.

2. 서울 생활

손자의 꽃신에 리본이 떨어졌다. 쓰다 남은 접착제 한 방울이면 해결 날 것 같다. 글쎄 그 조금이란 양이 일을 더 어렵게 만든다. 많이 필요하면 당장 슈퍼에 가서 사오면 될 일이지만, 벼룩이 눈물만큼 이면 되겠다는 생각에 매달리어 온 집안을 뒤지고 있다.

빌려 쓰고 갚고, 그러다 여분이 있으면 그냥 주기도 하던 인심은 어디로 갔을까? 인색해서가 아니라 서로 문을 닫고 왕래가 없으니 도움을 주고받을 수가 없다. 내 집에서는 버려도 그 순간 다른 집에서는 사러 가야 한다. 사립문을 열어젖혀 놓고 내 것이 네 것이고, 네 것 또한 내 것인 동네 인심이 그립다. 주인을 부르다 기다릴 수가 없으면 남의 집 뒷간의 연장도 가져다 쓰고 제자리로 갖다 놓지 않았던가.

돼지는 겨울에는 서로 떨어져 잠자고, 여름에는 서로 붙어 비비는 미련한 짐승이다. 아파트 생활은 화려할지는 모르지만, 이웃과의 관계는 미련한 돼지들의 삶이다. 10층 아파트일 경우 한 통로(20세대)란 어지간한 시골 마을보다는 크다. 같은 통로의 사람들만이라도 마음을 연다면 어지간한 시골 인심이 부럽지 않을 것 같은데. 가을걷이를 위해 동네 위아래를 오르내리며 일손을 찾던 품앗이가 그립다. 아파트에서는 어지간한 일들은 직접 손을 보아야 한다. 그러나 제 것 없으면 굶어 죽기 딱 알맞다.

해묵은 사람이 사는 아파트에는 자질구레한 것들이 많다. 찌꺼기 살림들이 다양한 잡화상이다. 호박 속을 긁어내는 칼이나, 묵가루라도 가라앉힐 때 쓸 삼베조각이나 심지어는 화장실 변기통을 뚫는 뻥뚜루나, 모두 케케묵은 짐에서 나와야 할 것들이다. 그뿐만 아니라 잉여 노동력도 있고 쓸 만한 육아지식도 남아있다. 손자들 뒷바라지를 통해 쌓인 노하우도 있다. 아내 실력이면 야간에는 제집으로 퇴근해 버리는 간호사보다 못지않을 것이다.

아는 척 접근도 하지 못한다. 지나친 친절은 사기의 일종이라는 생각 때문이다. 친절도 속도 조절을 하지 않으면 이웃에게 낭패를 당한다. 젊은이라면 과외지도로, 우리 같은 나이에는 "예수 믿으세요." 하려고 접근하는 사람 취급을 받을 수도 있다. 대충 고민하고 접착제를 사러 나선다. 서울사람들 사전에는 품앗이란 단어가 존재하지 않는다.

종씨宗氏

같은 성씨를 만나면 으레 촌수를 따진다. 아재비(아저씨)뻘인지 할배(할아버지)뻘인지를 알아보기 위해서다. 나이만 가지고 덥석 형이니 아우니 했다가는 큰코다칠 수가 있다. 때로는 뱃속에도 아재 촌수가 있다고 하지 않았던가. 옛날에는 어머니와 시집보낸 딸이 같이 아이를 낳았던 경우가 허다했다. '인간 못된 것이 촌수가 높다.'는 말은 촌수를 따지는 과정에서 본인이 손아래가 되었을 때 심기가 불편해서 구시렁대는 말이다.

모임에서의 일이다. 달고 있는 이름표를 보니 같은 성씨다. 성이 같으면 통성명하는 절차가 따로 있다. 먼저 본관本貫을 물어본다. 본관이란 시조始祖, 중 시조中 始祖의 출신지와 혈족의 세거지世居地로 동족同族의 여부를 가리는 데 중요하며, 씨족의 고향을 일컫는 말이다. 우리나라에서는 성씨의 종류가 적어서 300종이 되지 못한다. 같은 혈족의 집안의 수가 많아지게 되어 성씨만으로는 동족을 구분하기 곤란하므로 본관이 필요하게 된 것이다. 이후 무슨 공파 몇 대손인지를 묻는다. 나보다 위인지, 아래 항렬인지를 가늠해 보기 위해서다. 확인이 끝나면 어디에 사는지와 연락처를 묻는다. 새로운 인연이 만들어지는 순간이다. 이후, 집안의 친척 한 분이 어디에 뭣 하는 분이 있노라며 자랑거리 하나가 늘어난다. 김, 이, 박이야 너무 많아 반가울 리도 없겠지만 귀한 성씨 간에는 이산가족이나 만난 것처럼 반가워했지 않았던가.

아재'요 '할배'요 하는 장유유서長幼有序의 위계질서도 서서히 허물어지고 있다. 얼마 전에는 『공자가 죽어야 나라가 산다』는 책도 나왔다. '2,000년 전 중국에서 죽었던 공자를 다시 죽이려는 모양이다. "저는 ○○○파 ○○대손입니다만……." 해도 상대는 꿀 먹은 벙어리다. 족보를 모르는 사람하고 어떻게 촌수를 따지나. 오히려 이런 것을 밝힐수록 시골에서 자란 서당 출신 취급을 받는다. 아는 내 쪽이 오히려 비정상이다.

서로 소통이 되지 않으니 만국표준으로 한다. 묵시적으로 먼저 세상에 나온 순으로 형님으로 삼겠다는 뜻이다. 성씨 없이 이름만 불리던 돌쇠, 떡쇠, 개똥이, 삼돌이 수준의 천민 짓거리를 하고 있으니 조상님들 욕을 뵈어도 유만부동이다. 때론 흰머리나 주름살만으로 자연스러운 서열이 매겨지기도 하지만, 불행하게도 나는 얼굴이 동안이어서 머리카락도 세지 않고 양미간에 주름도 없다. 내 나이를 물어왔다. 성급한 공격이 시작된다. 자신만만했던 것 같았다. 얼른 답해주고 그쪽의 답을 살폈으나 편한 모습이 아니다. 환갑을 조금 넘겼다고 했을 뿐 다음 말이 없었다.

끗발은 환갑이면 모두 해결 날 줄 알았는데 환갑 위에도 사람이 있었던 모양이다. 그는 어디 가서도 형님 소리만 들어왔지 한 번도 동생이 되어보지 못한 사람인지도 모른다. 통성명은 기대를 저버린 채 사달이 나고 말았다. 그야말로 내 쪽에서 인간 못된 것이 나이가 높았나 보다. 결과가 나오면 바로 승복하고 그 자리에서 "형님 되시네요." 한마디만 했어도 해피엔딩으로 끝났을 것이다. 가당치 않은 마무리로 허둥대고 자리를 떠버리니 모처럼의 관계설정은 실패로 끝나고 사람만 머쓱하여졌다.

원래 우리 성씨 수준이 이랬을까? 조선조 초기만 해도 성씨를 가진 양반은 고작 10%에 불과했다고 한다. 바꾸어 말하면 90%가 평민이다. 양반계급이 족보를 가지게 되면서부터 평민들도 구전해 오던 자료에 의하여 족보를 만들기 시작했다. 엿장수 마음대로 쓰고 싶은 직함을 적어 넣다 보니 어느 씨족이든 정승, 판서 정도는 약방 감초로 집어넣었다고 한다. 아무나 가져다 붙였다면 무슨 공파 몇 대손이 무슨 의미가 있을까? 같은 씨족끼리 족보도 통하지 않는 형국에 원래는 상위 10% 속에 들었던 양반이었노라고 무슨 수로 둘러댈 것인가?

국제결혼으로 다문화가정이 급속도로 늘어나고 있다. 민족이란 용어도 국민으로 치환되어 백의민족이니 단일민족이니 하는 용어가 사라지고 있다. 굳이 공자를 죽이지 않더라도 족보를 볼 수 있는 사람도 거의 없다. 우선 한자를 읽을 재간이 없고, 촌수를 제대로 알고 부르는 사람이 드물다. 사촌을 넘어서면 그냥 일가친지 정도이려니 해야 한다. 그냥 "종씨네요!" 한마디면 족하다. 종씨宗氏는 굳이 촌수를 따질 정도는 못되지만, 그렇다고 가까운 친척인 것도 아니다. 나이까지도 물으면 사족이 되는 관계다. 수첩에는 그날 모임에 종씨를 만났노라고 메모를 했다.

수컷에게도 희망이

수컷 몇이 '아버지' 얼굴에 먹칠했다.

이러고서도 '아버지'란 단어가 언감생심 '어머니' 반열에 같이 설 수 있겠느냐며 황수관 박사는 강연 도중 쓴웃음을 지었다.

간밤에 헛간에 불이 났더란다. 새카맣게 타 죽어가면서도 새끼를 살려내었던 암탉에 비해, 수탉은 잽싸게 도망 나가 혼자만 살아남았다. 이어서 수컷의 대책 없는 망동妄動이 그분의 부친에게까지 망신살이 뻗쳤다.

강연자의 아버지도 예외는 아니었던 모양이다.

황 박사는 일본에서 태어났다.

2차 대전이 끝날 때 즈음, 히로시마에 '꽝' 하는 굉음과 함께 원자폭탄이 터지던 날, 어머니는 만삭의 몸에도 두 아이를 살리려 보듬고 있었지만, 아버지는 소리에 놀라 전광석화같이 문을 박차고 뛰쳐나갔다고 했다.

이런 상황에서 당신이라면 어떻게 행동했을까?

간음하여 끌려나온 여인을 향해 죄 없는 사람이 저 여자를 돌로 치라고 하지 않았던가.

이들에게 돌을 던질 수 있는 죄 없는 수컷은 몇이나 될까?

죄 없는 것들이 있다.

가시고기와 펭귄의 수컷이 그들이다.

세상에는 못난 암컷도 많은데, 하필이면 도망간 몇몇 수컷을 가지고 전체를 조롱하느냐며 이들은 서운해할 것이다.

가시고기는 겨우 7센티에 불과한 체구에 부성애를 아낌없이 발휘하는 물고기다. 수컷은 암컷이 산란해 놓고 도망간 사이 알을 돌본다. 둥지 안에 산소를 넣어주려고 수많은 알을 둥지에서 차례로 꺼냈다 다시 넣는다. 엄마가 버리고 간 새끼들을 끝까지 키우고 마지막에는 죽어서 새끼들의 먹이가 된다. 숭고한 자식 사랑 실천이다.

펭귄은 수컷의 발등 위에 알을 낳는다. 수컷 발등에는 털이 나 있어서 극심한 추위 속에서 알을 보호할 수 있기 때문이다. 수컷은 알이 부화할 때까지 60일 동안 꼼짝하지 않고 서 있어야 한다. 알을 낳은 후 체력 회복을 위해 바다로 돌아갔던 암놈이 돌아오면 수컷은 다시 바다로 나가 새끼들을 위해 먹이를 먹어 영양분을 몸속에 저장한 후, 반추反芻하여 새끼들 입으로 넣어준다. 펭귄은 부성애를 가장 잘 보여주는 동물이다.

곱게 보아주자.

이만하면 수컷들도 대단하지 아니한가.

설령 도망을 갔다 하더라도, 살아남아야 할 이유가 가족 부양 때문이었다면 사명감이 대단하지 아니한가. 마치도 비행기 기내에 쓰인 문구처럼 말이다. 비상시 산소마스크는 보호자가 먼저 끼고 난 후 어린이를 조치하라는 문구의 의미를 새겨 볼 필요가 있지 않을까.

장한 아버지가 있었다.

한심한 아버지들은 가까스로 면피免避한다.

불 속을 뛰어들어 아이를 구한 아버지 이야기다.

제주시 아파트 화재(2009)에서의 일이다. 불길과 연기가 아파트를 삼키고 있는 가운데 일가족 4명이 연기에 갇혀 있었다. 분명히 가족 4명이었지만 아파트를 빠져나온 것은 3명뿐, 잠시 후 정신을 차린 가족들은 아들 하나가 없는 것을 알아차린다. 애타는 아버지는 결국 불길 속으로 뛰어들지만, 소방대원들이 저지한다. 다시 불로 뛰어드는 아버지……. 말리는 소방대원들……. 결국 아버지는 소방대원과 함께 아무 장비도 없이 보조 공기통에 의존한 채 불길 속으로 뛰어든다. 이윽고 아버지는 아들을 구하고 불길과 연기로 가득 찬 아파트를 빠져나온다. 불보다 뜨거운 부정父情이었다. 아버지가 가야 할 마땅한 길을 갔을 뿐이라는 듯 그는 결코 이 일로 으스대지 않았다.

나는 이 일을 자랑삼는다.

수컷에게도 희망이 있다며…….

나는 수컷이다.

아쉬운 '아버지'다.

가시고기나 펭귄의 대열이나 불길에 뛰어드는 축에 못 끼는 수컷이다. 오히려 도망간 수탉이나 강연자의 아버지와 더 가까운 속성을 하고 있다. 다행히 헛간의 불이나 폭탄의 굉음이 나를 시험에 들지 않게 해서 욕먹을 기회가 없었을 뿐이다. 아이들 입학식이나 졸업식 한 번 참석해 본 일이 없고, 가족 생일 한번 제대로 챙겨주지 못했다. 그렇다고 넉넉하게 먹이고 입히지도 못했다. 생계를 책임지고 있다는 명분으로 늘 산소마스크를 내 쪽에 들이대고 살았던 이기적인 아버지다.

"나야 나! 아버지!"

하고 뒤돌아보았을 때는 자식 셋은 언제 컸는지 내 곁을 떠나고 없었다.

수컷의 희망을 말하기엔 너무 늦어버린 시간일까?

5
웃으며 사진을 찍다

세상을 떠나면서까지 위엄을 부리고 가야 할 이유가 없다. 영정사진이란 입에 떠올리면 불길해지는 삼가야 할 단어가 아니다. 다만 이런 것을 해 두기에는 아직 이르다는 생각과 병치레 끝에 벌이는 일이라 아이들 마음을 아프게 하는 것 같아 미안할 따름이다. 이왕 찍는다면 웃는 모습을 담아두고 싶어 환히 웃는 표정을 지었다.

잉어가 있는 풍경

낚시꾼들은 과장이 심하다. 놓친 고기는 늘 월척이다. 내가 이들의 흉내를 내 본다 해도 적어도 성남시 탄천에서만큼은 크게 거짓말은 아니 될 것이다. 정자역에서 미금역 사이의 개천에는 물 반, 고기 반이다. 이곳은 탄천 잉어의 세거지여서 팔뚝만 한 놈이 아니면 잉어 축에도 들지 못한다. 나이가 좀 들었는지 놈들은 모두 수염을 달고 근엄한 모습이다. 어슬렁거림이 가히 민물고기 중에서는 양반 중의 양반이다.

이들은 물살을 가르며 올라간다. 밤새 안녕했느냐는 듯 꼬리를 흔들며 인사를 한다. 우두머리를 따라 무리를 지어 상류로 오른다. 모선 옆에 자선 여럿을 붙여가는 한 무리의 군함을 보는 듯하다. 종대로 열을 지우다가도 얼른 횡대로 대열을 넓히기도 한다.

자부심이 대단한 모습이어서 그 여유로움이 실로 부럽다. 해가 솟으면 비늘은 광채를 번쩍번쩍 내뿜는다. 신선하다는 느낌이 든다. 벼슬아치들이 잉어의 덕목을 강조하면서 수묵화를 그리던 이유가 이것이구나 싶어진다.

하늘로 높이 뛰는 잉어가 그려진 그림을 약리도躍鯉圖라고 한다. 이는 잉어가 용으로 변하는 그림이라는 의미에서 어변성용도魚變成龍圖라고도 부른다. 삼진기三秦記라는 책에 용문龍門의 잉어 이야기가 실려 있다. 곤륜산에서 흐르는 물은 적석산을 통하고 나서 용문폭포에 이르고 이 폭포 밑에는 해마다 봄이 되면 수천만의 잉어들이 모여와서 서로 폭포를 뛰어넘는 내기를 한다. 폭포를 뛰어오른 잉어만이 용이 될 수 있었으니 지금의 등용문이라는 말이 여기에서 유래한단다.

어려운 가운데 고시에 합격한 사람을 향해 흔히들 '개천에서 용 났다.'고 말한다. 탄천은 기울기도 크지 않을 뿐더러 장마가 아니면 큰물 구경도 어려운 개천이다. 잉어가 날개를 달고 용솟음쳐 하늘로 올라 볼 그런 곳이 못된다. 용은 존재하지 않는 상상 속의 동물이어서 그림 속에만 볼 수 있다. 용 그림에 수염을 길게 그려 넣는 걸로 보면 이들의 원조가 개천에 놀던 잉어임이 틀림이 없으리라.

물고기 노는 것을 보고 즐기는 사람은 위장병이 없단다. 잠시 보고 가리다 하고 걸음을 멈춘 것이 아차 하는 사이에 잉어 삼매

경에 빠져든다. 얼쩡거리다 보면 어느새 반 시간이 후딱 간다. 잉어의 유연성을 보고 있는 동안에는 세상만사를 잊어버릴 수 있어 좋다. 개천을 내려본다는 것은 훌륭한 소화제다.

모든 놈이 강 상류로 올라가고 있다. 다행스럽게도 다음 날 아침이면 어제 그 자리로 돌아와 있다. 산을 오른다고 산에 살러 가는 것이 아니듯, 놈들은 인적이 뜸해지면 모두 하류로 다시 내려오는 것 같다. 민물고기에 속하는 잉어는 멀리 가지 않는단다. 열병과 분열은 어디까지나 시위용인 듯 광화문 수문장 교대식처럼 볼거리다. 물 반 고기 반인 탄천에 용 꿈꾸는 잉어란 하나도 보이지 않는 것 같다.

탄천 둔치에 만들어 놓은 강변 산책길은 어디에 내어 놓아도 손색이 없다. 시민들은 잉어를 보고 잉어는 탄천에 비치는 인간들을 보며 즐긴다. 나이 듬직한 신사 한 분이 잉어에 대해 불만을 토로한다. 잉어는 먹성이 좋아서 탄천에 있는 프랑크 톤을 싹쓸이하기 때문에 다른 물고기들을 서식하지 못하게 한단다. 대자연의 먹이사슬의 균형을 이루기 위해서는 수달을 몇 마리 서식하도록 해 주어야 한다는 주장이다. 눈을 감고 상상해 보았다. 수달이 잉어를 물고 있는 모습이 마뜩잖다. 천적으로 잉어를 다스릴 바에야 볼거리가 없는 가난한 시골 천변으로 이동시켜 주어도 좋지 않을까 싶다. 천당 아래 분당이라 자랑 할 때는 언제였던가. 이분의 마음 씀씀이가 천당하고는 한참 멀었다.

유유히 떼 지어 오르는 잉어들을 본다. 먹이를 찾고 번식이나 하다 보니 평화로움에 잘 길들어서 유유자적의 모습이 보는 이를 마음 편하게 해 주고 있다. 머리를 싸매고 용이 되려고 안간힘을 쓰고 있을 젊은이를 떠올린다. 과연 얼마가 등용문을 뛰어넘어 용이 될 수 있을 것인가. 세상을 지배하려 올랐다가 오히려 세상에 더 잘 길드는 수재들은 얼마나 많았던가. 세간을 어지럽게 뒤흔들어 놓았던 용들 말이다.

용문이 어디 있는지도 모르고 탄천에서 사는 잉어들이 부럽다. 저 왕성한 번식력과 식욕을 닮은 원초적 욕심을 부리고 싶다. 예사로움 속에서 필부필부들이 부창부수하고 살아가는 편안한 모습 같아서 좋다. 지금 이 시간에도 등용문을 넘기 위해 머리를 싸매고 있을 젊은이가 한번 보아 준다면 얼마나 좋을까. 큰 그림만 그리며 살다가 실의에 빠진 이들도 위로를 받을 것이다. 적어도 수달을 모셔오기 전까지는 탄천은 잉어 떼 덕분에 한동안 평화로울 것이다.

잘났어, 정말!

시그마〔Σ〕를 해야 하나?

인티그럴을〔∫〕을 해야 하나?

재력을 보려면 합산하는 시그마가 좋을 것 같고, 태어나서부터 지금까지의 공과功過를 보려면 적분積分이 좋겠지. 그러면 근사치에라도 갈 수 있을까? 하지만 아무리 정교한 셈법이라도 사람의 양심이나 꿍꿍이속까지 셈해 내지는 못하리라.

사람이란 손쉬운 계산의 대상이 아니다.

돈이 많다고 해서, 명예가 높다고 해서, 우열이 나버리는 간단한 존재가 아니다. 가방끈이 짧다고 해서, 얼굴이 못났다 해서 내가 업신여겨도 될 사람은 없다. 나보다 한 수 위인지를 알기 위해서는 정확한 계산이 필요하며, 불행하게도 그것은 관련된 인자가 너무 많아 인간의 셈법으로서는 불가능하다. 눈에 비치는 상대의 모습은 나의 편견이며 환영幻影일 뿐, 바른 계산은 하늘에서나 가능할 일일 것이다. "남을 판단하지 마라, 그러면 너도 판단 받지 않을 것이다." (마태오 7:1)

약산略算하고 지내자.

셈을 제쳐놓자.

지상의 셈법은 너무 복잡해 컴퓨터를 동원해도 불가능하다. 누구도 할 수 없는 계산을 왜 하려 들까. 틀린 것이 뻔한 답을 왜 믿으려 들까. 낮다고 얕보지 않는다면, 없다고 업신여기지 않는다면, 모른다고 깔보지 않는다면 될 것을.

잘났어, 정말!

제주도 출신 탤런트가 했던 유행어다.

이 한마디 하고 나면 속이나 편할 것을. 상대가 나보다 한 수 위라며 아예 계산을 접으면 어떨까. 내가 잘났는지 네가 잘난지를 따져본들 무슨 답이 나오나? 어려운 고등수학도 불감당일 때 해보는 편리한 처세술, 잘났어, 정말.

주(註) : 시그마〔Σ〕는 합을 구하는 수학기호, 인티그럴〔∫〕은 통계, 전자, 통신 등에 들어가는 계산법임

웃으며 사진을 찍다

여행이 어렵겠다는 의사의 권고로 딸네 집 방문 계획을 취소했다. 갑작스러운 전달에 아이들이 놀라 모두 비상이 걸렸다. "얼마나 편찮으시면 여행을 못 하실까?" 이러다 변고라도 생기면 어떡하나 싶어 걱정되어 보따리를 싸 들고 내 곳으로 몰려들었다.

상당히 야위었다는 것 외에는 겉이 멀쩡하여 자식들은 한 시름을 놓게 되고, 나도 보고 싶었던 혈육을 만나서인지 가파르게 건강이 회복되었다. 마치 꾀병을 하는 사람 같았다. 아내는 연일 자식들을 위해 지지고 부치고 하느라 쉴 틈이 없고, 자식들은 아버지와 함께하는 추억 만들기를 고심한다. 꼭 가족사진을 함께 찍어 놓고 싶단다. 내심 그러고 싶었던 내 마음과 어쩌면 그렇게도 똑 같았을까. 사람의 일이란 생각처럼 쉽지도 않아 한자리에 모여 가족사진 찍을 기회도 흔치 않다. 거실에 걸린 사진은 오래된 것이어서 시집가기 전 사진들이다. 퇴직 기념으로 찍은 것이니 사위도 손자도 없던 때의 것이다.

처음에는 사진관을 생각했으나 그럴 필요가 없었다. 시절이 달라졌으니 지금 디지털카메라 성능이 10년 전 사진관 해상도 보다 더 좋지 않은가. 엄숙한 분위기보다는 스케치하듯 집에서 자연스러운 모습을 담아내기로 했다. 안방에다 간이 스튜디오를 꾸몄다. 매화꽃 가지에 참새들이 앉아있는 여덟 폭 병풍을 둘러치고 의자를 앞 열에 놓았다. 타이머를 설치하고 자동 셔터를 누르니 도우미가 필요 없었다. 디지털카메라의 이점을 살려 필름 걱정이 없으니 저마다 가져온 카메라로, 휴대전화 사진기로 열심히 모습들을 담아냈다.

독사진을 찍었다. 카메라 앞에 혼자 앉자 갑자기 집안 분위기가 엉망이 되어버렸다. 눈물 많은 아이 차례로 눈물 보가 터졌다. 이것이 영정사진이라는 생각에 내 얼굴도 굳어졌다. 찍어 놓은 사진이야 여러 종 있지만 하나같이 턱 당기고 입 꽉 다문 사진들이어서 긴장이 감도는 것들뿐이다. 세상을 떠나면서까지 위엄을 부리고 가야 할 이유가 없다. 영정사진이란 입에 떠올리면 불길해지는 삼가야 할 단어가 아니다. 다만 이런 것을 해 두기에는 아직 이르다는 생각과 병치레 끝에 벌이는 일이라 아이들 마음을 아프게 하는 것 같아 미안할 따름이다. 이왕 찍는다면 웃는 모습을 담아두고 싶어 환히 웃는 표정을 지었다.

돌아가신 아버지의 얼굴을 생각한다. 엄숙한 모습보다는 웃는 얼굴을 뵙고 싶지만 웃으며 찍은 사진이 없다. 웃는 영정사진, 노래하는 동영상, 이 정도면 내 아버지 때보다는 약간 발전된 모습이 아니겠는가. 성한 몸보다는 핏기가 덜하지만, 멋진 사진은 다음 번 기회로 미루어 놓는다. 후일 개정 증보판을 약속해 놓지만, 어느 날 갑자기 밤새 안녕 한 날엔 개정판은 꿈이 되고 말 테지. 당신의 수의는 당신께서 미리 준비해 장롱 속에 지켜 두셨던 부모님을 떠올린다. 굳이 마음 내키지 않는 일이어도 즐겁게 준비해 두어야 할 것이 하나 더 있으니 파안대소破顔大笑 웃고 있는 사진 하나쯤은 평소 벽에 걸어놓고 살 필요가 있을 것 같다.

편한 모습을 남기고 싶다. 웃으며 찍은 사진 한 장이 그 역할을 할 것이다. 육성도 기록해 놓는다. 동영상 촬영은 비디오카메라가 아니어도 휴대전화로도 가능하다. 촬영하던 딸아이의 훌쩍거리는 소리가 같이 담긴다. 내 노랫소리가 흔들리고 중심을 잃는다. 울고 있는 모습을 남기려는 것이 아니기에 엔지NG를 냈다. 기쁘게 노래를 부르고 있는 모습이어야 한다. 기타 소리에 맞춰 처음부터 다시 노래를 부른다. 첫 레코드를 녹음하는 신인가수처럼 안절부절못한다. 슬픈 마음에서 기쁘게 노래를 불러야 하는 억누른 감정이 언제 울음보가 되어 터질지 모르는 아슬아슬한 연출이었다.

음력 탓만이 아니다

아버지 생일을 까먹다니.

울먹이는 딸아이를 오히려 내가 달래야 할 판이다.

지난주까지만 해도 기억을 했었는데 그만 깜빡했단다.

솔직히 아버지는 많이 기다렸다.

연락이 올 것 같다는 생각은 점차 연락이 와야 한다는 걱정으로 바뀌어 가고 있었다. 혹시나 때를 못 맞추면 아이가 나중에 서운해할까 싶어서다. 자식을 배려하는 마음이라고나 할까. 마음이 덜컥 불안해지기 시작했다. 아이 쪽에 무슨 일이 있을지도 모른다는 생각에서다. 전화를 걸고 싶었지만 그만두었다. 축하받고 싶어서 자식에게 전화질하는 아버지라 오해받고 싶지 않아서다.

아이는 아버지 생일을 달력에 표시해 두었다고 했다.

며칠간 친구들과 여행을 하고 왔더니 그새 훌쩍 넘어가 버렸단다.

이해하고도 남는다.

매일 습관적으로 확인하지 않는 한 누구에게나 있는 예삿일이지.

"설마 잊으랴 싶었는데 결국……. "

"아니다, 살다 보면 그럴 수도 있겠지, 뭘."

아버지 책임도 크다. 현대에 사는 아이들에겐 익숙지도 않을 음력으로 생일을 챙기고 있으니. 들쭉날쭉하는 양력과 음력 사이에서 헷갈렸을 것이다.

아버지는 네 할아버지 기일도 깜빡했다.

음력 기일 또한 생일과 마찬가지로 기억하기가 여간 어렵지 않다.

음력이라면 팔월 한가위와 구정 그리고 본인 생일밖에 모르지 않는가.

날짜 환산은 해마다 정초에 풀어놓아야 하는 난수표 해독이다.

작업이 끝나면 커다란 동그라미를 치고 주석을 달아 놓는다.

도둑이 들려면 마당의 개도 짖지 않는다.

아무리 일 년 대비를 잘해 놓더라도 걸어 놓은 달력을 등에 지고 다니지 않는다면 허사다. 음력은 음력 마인드를 가져야만 외우지 않더라도 기억이 오래 간다. 옛 노인이 생신이나 기일을 잊어버렸다는 소리를 들어 본 적이 없다.

결국, 아버지 제사를 펑크 내고 말았다.

며칠이 지난 후에야 뒤늦게 알고서는 위령미사를 올리며 석고대죄席藁待罪했다.

"산적에 조기 한 마리가 죽어 상다리 휘는 제사상보다 낫다."고 하셨던 말씀으로 크게 위안으로 삼았다. 생전에 조기 공양은 많이 드렸으니까 용서는 어렵지 않았을 것이다.

생일이든 기일이든 모두 양력으로 바꿀 생각을 해 본다.

어렵다는 생각이 앞선다.

산 사람의 생일은 당사자 마음이지만, 돌아가신 분의 제사는 오시는 조상 마음이다. 일방적으로 결정해 버리면 귀신들이 곡할 노릇을 만들 수도 있다. 그 집이 그 집 같은 아파트 생활이라 어두운 밤 자식 집 찾기도 난감할 텐데, 설상가상으로 날짜까지 흔들어서야 되겠는가.

산 사람은 생일 한 번 못 챙겼다고 큰일이 나는 것은 아니다. 전화로라도 죄송한 마음을 전해 올릴 수 있다. 그러나 돌아가신 조상님의 기일은 깜빡하면 돌이킬 수 없는 중죄다. 옛날 같으면 불효자식이라며 마을에서 쫓겨난다. 정신을 똑바로 차리는 수밖에는 어쩔 수 없다.

음력은 내 대까지만 하고 끝내도록 하겠다.

살아있는 나는 음력을 고집하다 자식을 불효로 만들었다.

"아이야 걱정하지 마라, 네 탓만이 아니다."

그런 나는 제 아버지의 제사도 잊어버리는 아버지가 아니더냐.

더러는 시절 탓도 있겠지. 아버지도, 아버지의 아버지도 세월 가면 점차 잊혀야만 하는 것이 세상 이치거늘, 음력 탓만도 아닐 것이다.

언젠가 Someday

규圭와 나는 한 살 차이이다. 같은 마을에서 자라나 도회지로 나와, 같이 한방을 쓰면서 학교에 다녔다. 나는 중3, 그는 고1이었으니 의기투합보다는 자잘한 다툼이 더 많았을 나이였다.

둘은 툭 하면 다퉜다. 다툼의 마무리는 늘 'Someday'였다. 언젠가 두고 보자는 뜻으로 주거니 받거니 했던 영어 단어다. 가정생활을 꾸리는 부부도 마음이 맞지 않아 전쟁이 자주 일어나고, 한 입속에 있는 이도 혀를 깨물 때가 있는 법인데, 하물며 코흘리개를 갓 벗어난 유소년幼少年들에 있어서야. 규와 나도 예외는 아니었다. 주로 방 청소며, 연탄 갈기 등에서 탈이 났다.

60촉 백열등 아래서 형이야 아우야 하면서 공부할 때나, 마음이 쾌청한 때의 'Someday'의 의미는 사뭇 달랐다. 이때는 우리가 그 무엇이 되어 다시 만날 것이라는 약속을 뜻했다. 서로 가는 길은 달라도 인생의 정상에 우뚝 서 힘들었던 날을 되돌아보는 인물이 되자고 서로 다짐했다. 꿈을 이루어내는 미래의 시점이 'Someday'였다면 규는 지금쯤 시인이 되어있을 것이고 나는 학교 선생이 되어 교단에 서 있지 않았을까 싶다.

규는 여드름쟁이였고 사춘기를 일찍 맞아 성숙했다. 마음이 천사같이 순했으며 우락부락한 외모와는 전혀 딴판으로 감성이 풍부한 문학청년이 되어가고 있었다. 문장력이 좋아 글 솜씨가 여간 아니었으며 편지를 보낼 여자 친구도 있었으니 코흘리개에 불과한 나로서는 규가 선망의 대상이었다. 안양에서 방직공장 다니는 누나가 있어 누나를 만나러 기차를 타고 서울 올라가는 것도 부러웠고, 타온 용돈이라며 풀빵을 사줄 때는 더욱 그러했다. 필기구라면 연필밖에 모르던 중학생 앞에 일 회 소모성인 모나미 볼펜을 즐겨 쓰는 규가 마치 귀공자같이 느껴졌다.

규는 오히려 나를 부러워했다. 그는 일찍이 아버지를 여의고 큰형님이 모시고 있는 어머니 슬하에서 자랐다. 경제권을 아들에게 넘긴 어머니는 늘 막냇자식에 더 잘 해주지 못해 안달이었다. 형님은 본인도 다녀보지 못한 고등학교를 보낸다는 생각에 규의 글공부가 예쁘게 보이지 않았을 것이다. 잦은 고부간 갈등 속에서 형님에게 손을 벌리며 학교에 다녀야 하는 처지를 서러워했고 많은 콤플렉스를 느끼고 있었다. 적어도 눈치 하나는 보지 않아도 된다는 점에서는 내가 부러웠을 것이다.

서로서로 올려다보던 생활은 오래 가지를 못했다. 내가 상급학교를 진학하면서 주거를 옮기는 통에 규와의 생활은 일 년 남짓밖에 되질 못했다. 감수성이 가장 예민한 시기에 서로 같은 이불을 덮고 동고동락했던 규와의 관계는 친 형제간보다 하나도 못지않은 룸메이트였다. 남자들의 소싯적 이야깃거리라면 얼마나 자주 쌈박질이 있었느냐는 것으로 서로의 친밀도를 가늠해도 좋을 것이다. 다툰 것만큼 깊이 정이 들었다. 싸우며 크는 것이 사내아이들이니까.

이후 규의 소식을 오랫동안 듣지 못했다. 서울에서 공부하고, 졸업 후에는 직장 따라 객지로 떠돌아다녀야 했고, 사회생활 초년병으로 바쁘게 시간을 보내는 동안 규를 포함한 고향 친구들의 소식을 까마득하게 잊어버리고 살았다. 다들 잘 있겠지 하는 막연한 생각에 세월이 갔다. 우연이면 몰라도 일부러 옛 친구를 수소문하고 싶을 겨를이 없었던 것이다. 고향 계신 어머니께 규의 소식을 물었을 때는 나는 벌써 지천명의 나이에 들어서고 있었다. 그가 죽은 지가 스무 해도 넘었단다. 가슴 한구석이 와르르 무너져 내렸다.

규는 고등학교를 졸업하고 바로 국가 공무원이 되었다고 했다. 그는 1977년 구마선이 개통되던 해에 고속도로에서 사고를 당해 애석하게도 목숨을 잃었단다. 모든 무소식이 희소식이 될 수는 없었다. 그냥 두지 않겠노라며 벼르던 'someday'도, 서로 무엇이 되어 만나고자 했던 'someday'도 한여름 밤의 꿈이 되고 말았다. 사랑의 반대가 미움이 아니라더니 서른 해를 지나서야 규를 찾는 이 한심한 무관심을 어찌 용서받을 수 있단 말인가.

규가 살아있어 우리의 'someday'를 보아야 하는 건데……, 미운 정 고운 정을 내려놓고 나 몰래 먼저 훌쩍 떠나버렸다. 그가 미처 피지 못하고 떨어져 버린 꽃봉오리였다면, 나는 어느새 지고 있는 꽃이다. 언제 무엇이 되어 다시 만나자던 약속의 거리가 이승과 저승 사이다. 내일 일도 모르면서 그때는 너무 먼 'someday'를 잡았나 보다.

오해와 이해

부부간의 해법은 보통 이러하다. 남편은 태양이고 아내는 지구다. 우주 질서가 무너질 때도 그럴 것이고, 마을 공원에서의 운동 형식에서도 모양은 크게 달라지지 않는다.

남편은 뇌졸중으로 쓰러진 전력이 있다. 백약을 다 써가며 천신만고 끝에 완쾌되었다고 했다. 거동을 보면 설명이 없어도 그랬을 거라는 짐작이 갔다. 그의 행동은 몸이 불편한 탓으로 굼떴다. 중풍에서는 일어나 걸어 다니는 정도만 되어도 더러 완쾌라 부르지 않던가.

남편은 공원 중앙에 서서 아내를 향해 눈길을 주고 있었다. 태양 주위를 아내가 열심히 돌고 있다. 그가 자전自轉을 하고 있다면 그녀는 공전公轉하고 있는 셈이다. 남편은 제자리걸음이나 마찬가지여서 방향만 전환하고 있지만 피곤함이 역력하다. 시간 반이나 분주하게 유산소 운동에 전념하는 아내가 어쩐지 안쓰럽다고 여겨졌다. 되레 아내를 향해 해바라기가 되어 눈을 떼지 못하고 있는 남편도 안쓰럽긴 마찬가지다. 가족을 건사하고 있다는 흉내라도 내고 싶은 태양 같은 넓은 마음을 왜 모르랴. '아내는 내 손안에 있는 거'라며 행복한 파수꾼의 모습으로 서 있었을 것이다. 여기 임자가 있어 지켜보고 있으니 누구도 나의 행성에 접근하거나 허튼수작 부리지 말라는 인기척을 내었을 것이 분명하다.

부부와 나는 데면데면 인사나 건네는 사이다. 공원 운동 친구라 해도 좋겠다. 나이 차이가 좀 난다고 했고, 여남은 살이 되어 보인다는 어설픈 칭찬에도 아내가 자지러지게 웃은 적이 있다. 금실이 좋지 않으려야 않을 수 없는 사이겠지. 바깥쪽 나이가 일흔을 넘었다고 하니 관심과 애정이 둘 사이를 이어주는 유일한 끈인 셈이다. 남편의 모습과 공원이란 화폭이 담아내는 분위기는 낙엽 지는 가을 분위기며 저물어 가는 석양의 구도로 잡히고 있었다. 지구는 새색시처럼 젊다. 환갑 진갑을 넘겨 할머니 축에는 들었으나, 나이 든 오빠들 눈으로 보면 얼굴에 윤기가 너무 많이 남아있다. 꺼진 불들도 다시 보겠다는 남편의 우려가 기우는 아닐 것이다. 장승같이 서서 제자리에서 잔걸음 질을 해대는 동안 해가 저물곤 했다. 세월이 갔다. 꽃이 지더니 잎이 떨어지고 가을인가 했더니 바람이 차다. 부부는 더는 보이지 않았고, 공원의 우주 섭리도 점점 궁금해졌다. 벌써 두 해 전의 일이니 잊을 만도 하겠지만, 태양과 지구라는 나름대로의 호칭 때문에 가끔 이들이 생각나곤 했다.

얼굴을 꼭꼭 가린 한 여인이 지나간다. 햇빛 가리개라기보다는 차라리 부르카Burqa라고 부르는 것이 옳겠다. 부르카는 이슬람 전통복식이다. 하잡Hijab이 얼굴과 가슴을 가리기 위해 머리에 쓰는 것인 데 반해 이것은 빠끔히 눈만 내놓는다. 그냥 그런 사람이거늘, 하고 지나치려는 순간에 상대는 얼굴 가리개를 벗었다. 직감으로 그녀가 공원 친구의 더 나은 반쪽임을 알아차렸다. 아는 체를 해 주지 않고 지나쳤더라면 복면 속에 숨을 수도 있었을 것을. 어딜 갔다 오는 길이냐고 물었더니 '형제봉'이라고 했다. 형제봉은 마을에서 다소 떨어진 둔덕보다는 높은 인근 야산으로 봉이 두 개 나란히 있어 그렇게 부른다. 산책길이 부드럽고 손쉬워서 초급 등산가들은 산행 전 몸이나 푸는 장소이기도 하다. 공원 못지않게 오솔길이 이리저리 열려 있으며 산 가장자리에는 화장장이 있다. 시市에서는 혐오시설이란 말을 들을까 보아, 듣기 좋게 명복공원이라는 팻말을 달아 놓았다.

"그동안 형제봉엘 다니셨구나!"라고 얼버무리며 화답을 보냈다. 아저씨는 잘 계시냐는 물음에 부부의 안부를 술술 풀어 내려준다. 바깥분은 지난해 세상을 떠났다고 한다. "쯧쯧, 많이 섭섭하셨겠네요?"라는 첫말이 나와서 격조 있는 위로의 말이 되었다. 그렇게

애지중지 지켜 내려 하더니……. 결국 소임을 다 하지 못하고 해는 지고 말았구나, 싶었던 것은 내 속말이다. 공원밖에 몰랐던 여인이 형제봉까지 행동반경을 늘리다니. "아! 그렇구나, 그랬었구나!"로 연신 추임새를 넣고는 그녀와 헤어졌다. 가까이 있는 공원을 놔두고 형제봉까지 공전 궤도를 이탈한 그녀를 보니 세상 많이 달라졌다 싶었다. 부르카를 두르고 운전을 하겠다며 반기를 들었던 아랍여성을 연상했다. 이 여인은 지금 재스민 혁명이라도 맞이한 것일까?

오해를 몰이해 속에다 오래 숨기고 다녔다. 넉넉하게 보아 주어도 될 것을 공연히 시선을 비틀고 있다는 생각이 들었다. 돼지 눈에는 선사禪師도 돼지로 보인다고 하지 않았던가. 그녀에게도, 사별한 태양에게도 미안했다. 지아비를 잃은 슬픔에 눈만 내놓고 세상을 보고 싶었을 열녀의 마음을 놓치고 있는 줄도 모른다. 남편을 마지막 송별했을 화장장엘 갔거나, 형제봉 봉우리에서 망부석望夫石의 자세로 그를 향한 기도를 드리고 돌아오고 있었을지도 모른다는 생각도 할 수 있었다. 태양의 행성으로 존재했던 공원이 다시 보고 싶지 않았을 수도 있다. 무너진 태양계 질서만 빠끔히 들여다보았던 내 인심이 고약하기 짝이 없다. 안목을 어디다 떼어놓고 다니는지 모르겠다. 부르카를 쓰고 세상을 보고 있는 사람은 그녀가 아닌 바로 나였다.

인생 수업

"너는 누구에게 한 번이라도 뜨거운 사람이었느냐?"

안도현 시인의 「너에게 묻는다」라는 시의 뒷부분이다. 너는 누구에게 한 번이라도 눈물을 흘리는 사람이었느냐? 나 자신에게 물어보는 말이기도 하다.

형제봉은 낙타의 등처럼 생긴 두 봉우리다. 쉬엄쉬엄 이곳 능선을 다녀오는 시간은 세 시간이 걸린다. 병치레 끝이라 완주를 하기엔 무리일 것 같아 첫 번째 봉우리에서 포기하고 아래에 있는 명복공원으로 방향을 바꾼다. 이곳은 시에서 운영하는 화장장으로, 길이 어중간해지면 중도 하차하는 길목이다.

엘리자베스 퀴블러 로스Elisabeth Kubler Ross는 『인생 수업』에서 이렇게 말한다. "죽음과 정면으로 마주하면 삶을 바라보는 시각이 아주 달라진다. 그것은 근본적인 배움을 얻었기 때문이다. 그 배움은 두려움, 화, 용서, 삶을 받아들이는 것, 사랑과 관계에 대한 배움이다." 화장장이란 익숙지 못한 곳을 지나며 죽음에 대한 낯선 생각을 떠올린다. 그러면서 작가가 제시한 죽음과 정면으로 마주한 인생 수업을 하고 싶은 충동을 느꼈다.

명복공원은 국제공항이나 연안여객터미널 대기실 같은 분위기다. 땅과 하늘이 이어진 이별의 장소 화장장, 다시는 돌아오지 못할 강을 건너는 영혼을 전송하며 눈물을 흘리는 인생 터미널이다. 두 시간이면 한 줌의 재로 흔적만 남기고 사자死者는 멀리 떠나버리고 없다. KTX로 서울에서 부산까지 가는 것보다 짧은 경과시간이다. 혐오시설이란 단어가 어울리지 않게 설비가 대단히 현대식이다. 냉난방 장치에다 앉을 자리는 영화관보다도 낫고 바닥은 거울같이 반들거리며 청결하다. 중앙에 화면이 있어 11개의 화로에서 진행되는 사항을 CCTV로 비추어 내고 있다. 내부의 진행사항을 궁금해 할 필요가 없게 되어있다. 다만 화면에 보이지 않고 있는 것은 떠나는 영혼들이 흔들고 있을 마지막 손짓이다.

정신없이 울고 있는 자매가 눈에 띄었다. 울음이 갈수록 길어지고 깊어진다. 상가에는 꼭 딸이 있어야 한다는 어른들 말이 맞는 것 같다. 생전에 다 못한 자식 노릇에 마음 아파하고 있다. 이별 연습을 해 보지 않았던 것 같다. 뒤늦게 '사랑'과 '관계'에 대한 배움을 하고 있다. 설마 하고 뒤로 미룬 것들이 많아 갑작스러운 이별이 저렇게 힘든가 보다. 4.4조 음수율로 목멘 곡소리가 너무 구성지다. 누구에게 뜨거운 사람이었느냐를 물었던 시인에게 답할 수 있는 곳이 이곳이라는 생각에 나도 갑자기 '누구에게 뜨거운 사람'이 되고 싶어졌다.

내게는 죽은 이가 누구였는지는 크게 중요하지 않다. 그도 나처럼 지구란 별에 한 사람의 순례자로 다녀가는 사람일 테니까. 다만 인연이 없어 옷깃을 서로 스치지 못했을 뿐이리라. 여한 없는 큰 복을 다른 별에서라도 받을 수 있기를 바랐다.

어느새 이들과 어우러져 망자를 떠나보내는 기도가 자연스러워졌다. 눈시울이 뜨거워지기 시작한다. 한둘이 설핏설핏 관심을 보였지만 아랑곳하지 않는다. 고인의 친구이거나 가까이 사는 이웃 정도로 보아 줄 것이다. 너는 누구이며, 왜 이곳에 왔는지? 흐르는 눈물의 의미를 짚어보고자 하는 사람은 어디에도 없었다. 인생 수업에 열중했던 몇 시간이었다.

임무 교대

고사리 손을 잡고 있다. 온기와 미동이 손등을 타고 전해온다. 생성과 소멸이라는 자연의 섭리가 묘하다. 손자 숫자가 늘어 갈 때마다 할아버지란 내 호칭이 더욱 자연스러워진다. 포개 얹은 손이 마치도 바통터치를 하고 있는 것 같다.

네가 말을 늘려갈 때 나는 차차 말을 잃을 것이다.

네가 쑥쑥 커질 때, 길이만큼은 아니라도 난 쇠잔해질 것이다.

네게 보내는 찬사가 커질수록 나는 무대를 내려올 시간임을 알게 될 것이다.

네가 불꽃으로 활활 타오를 때쯤이면 나는 조용히 촛불을 끄려 하지 않을까 싶다.

아마도 순년旬年이 걸리는 작업일 테지. 우주 한 공간에 뿌리를 두고 끝없이 흐르는 내림. 얼마나 숭고한 역사이더냐. 해가 뜨기 위해서 새벽달이 슬그머니 자리를 감추듯 *우주의 자식들도 자연스러운 교대를 한다. 작은 맥박이 열심히 뛰고 있다. 나는 지금, 아이와 임무 교대 중이다. 그동안의 체류가 아름답고 거룩했다는 것을 어린것의 손을 통해 비로소 안다.

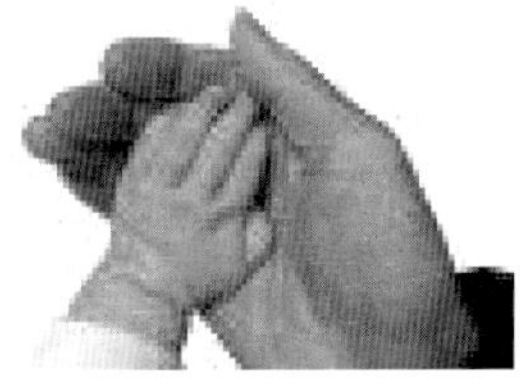

* You are a child of the universe,
no less than the trees and the stars

– 막스 에르만의 「간절한 기도」

시세대로 불러주자

친구더러 '~씨'라고 부르면 화를 낸다. 이유는 간단하다. 가까운 줄 알고 지냈는데 상대를 제삼자 부르듯 한다는 서운함 때문이다. 친구 사이야 그렇다손 치더라도 데면데면 알고 지낸 사이에 ~씨라고 부르면 사람을 얕잡아 보는 느낌이 들 수가 있다.

'씨'란 호칭은 '미스터 누구'의 우리식 존대어이지만 어떤 상황에서나 잘 어울리는 것은 아니다. 아마도 일본 잔재인 김 상, 이 상이란 호칭이 광복 후 김 씨, 이 씨로 둔갑한 때문이리라. 일본의 '상'도 사마의 뜻이 있어 우리말의 '님'에 해당하는 것이니 크게 나쁠 것이 있겠는가?

영국에서 귀족의 작위를 받은 이에 대한 존칭이 'Sir'이다. 세월 가니 그 높은 호칭이 모든 신사에게 다 붙어 다닌다. 선생님이나 선배에게 드리는 적절한 응답은 'Yes, sir'이지 않은가. 호칭이나 존대는 유행 따라 달라지는 것이니 너무 따지고 들어 상대의 입장을 난처하게 만들지 말아야 한다. 편리하게도 요즘은 사장님이나 여사님이 대세여서 이것 하나면 어디서든 통하게 되어 있다.

호칭 인플레이션이 물가보다 더 심하다. 남자는 사장님이고, 나이 든 여자는 무조건 여사로 불러주면 본전은 한다. 2인 이상의 사업장을 가진 사람을 사장님으로 불러야 옳겠지만, 명동에서 사장님! 하면 모두가 자기를 부르는 줄 알고 뒤돌아본다고 하지 않았던가. 돈 안 들이고 상대를 기분 좋게 하는 길은 사장님이란 호칭뿐이다. 아직 사장님이라 불러 화내는 사람을 본 적이 없다. 여사도 마찬가지다. 대통령 부인에게나 붙였던 존대가 지금은 밥이나 끓여 먹는 형편이면 모두 여사로 통하고 있다. 조그만 문학회나 주말 등산 모임에 가도 모두가 사장님, 여사님이 아니던가.

이런 제안이 있었다. 학교 동창회에서만큼은 일체의 사회적 직위나 호칭을 생략하고 담백하게 이름만 부르도록 하자는 제안이다. 곤고한 일상을 잠시 떠나 친구들과 휴식하려는 마당에까지 나와 무슨 사장, 누구 여사 소리를 들으면 무엇 하느냐는 말이다. 얼마나 생각이 깊고 기발한 제안인가? 왜 친구 모임에까지 나와 내 돈 내고 기죽고 가야 하느냐는 뜻에서다. 진달래 꺾고 물장구 치던 어린 시절로 돌아가자는 취지를 높이 사고 싶다.

때 묻지 않은 순수한 마음이다. 그러나 현실은 그렇지 못하다.

지금 와서 임마, 점마 한다고 해서 학창 시절로 돌아갈 수 있을까? 친구 이름 세 자만 담백하게 불러 준다고 해서 정이 갑자기 솟구칠까. 아무리 노력해도 옛정이 살아날 리가 없다. 높은 호칭을 입에 달고 살아야 하는 환경 때문이다. 처세에 능한 사람일수록 숙지해야 할 호칭들이 많아졌다. 사장님, 여사님 외에도 회장님, 원장님…… 등등. 어차피 호칭은 헛소리 같은 것이어서 골라잡아 부르는 사회가 아니던가. 그냥 민 이름을 부르기보다는 술 한잔 마시는 시간만이라도 상대의 기분을 받쳐 올려주는 배려가 필요하다고 보면 어떨까? 친구의 기를 살리는 일이라면 굳이 상대방의 사업자 등록을 확인한 후 사장님이라 부를 필요 있겠는가. 모두가 사장 되고 여사 되는 시대에 살면서. 어차피 기분 좋으려고 먹는 술인데. 과거는 이미 지나가 버린 시간이다. 지나간 것은 그리움으로만 충분하다. 친구들 모임은 내 기분을 내기 위한 장소이기도 하지만 상대의 기분도 올려 주어야 하는 사회생활의 연장선으로 보아도 좋지 않겠는가.

고만고만하게 경쟁하고, 시샘하고, 도토리 키 재는 어릴 적 동무가 아니다. 세월 가면 친구도 마냥 친구로 머물러 주지 않는다. 잘난 체하는 친구가 아니라면 지나간 직책이라도 불러 상대의 자긍심을 일깨워 주는 것도 좋을 것이다. 반백이 다 된 지금에는 존경해야 할 사람은 뜻밖에 가까운 친구 중에서 찾을 수 있다. 한때는 저마다 자기 분야에서 존경받는 인물들이 아니었던가.

며느리 사위 다 본 나이다. 옛날에 부르던 저속한 별명은 자식들이 알까 두렵다. 쌍시옷까지 오가야 여러 사람 앞에서 돈독한 우정을 과시한다고 생각하는 것은 늙어도 아직 어린 마음이다. 세월도 수월찮게 흘렀으니 호칭도 시세대로 불러 주어야 하지 않겠는가. 다툼이 적으려면 부부가 서로 존댓말을 쓰라고 했다. 친구 간에서도 예외가 아니다.

아버지, 기奇 선생

기奇 선생은 가정만 생각하고 살았던 평범한 아버지였다. 남들과 잘 어울리는 편은 되지 못했으나 직장 일만큼은 성실했다. 봉급으로는 턱없이 부족했을 가계도 그의 근검절약과 일과 후 운영했던 간이 태권도 도장이 조금은 도움이 되었을 것이다. 가장의 성실함 덕분에 자녀도 훌륭하게 길러 냈고, 수월하지 않았을 공무원 생활도 잘 마무리하고 조용한 퇴직을 맞았다.

신은 인간의 일에 이것만은 이해할 수가 없다고 했다. "젊은 날은 건강을 해쳐가며 일을 해서 돈을 벌고, 후일에는 그 돈 모두 병원에다 도로 게워낸다"고 하지 않았던가. 기 선생이 그렇다. 퇴직 후 첫 건강검진에서 그는 대장암 판단을 받았다. 겨우 숨 좀 돌리려 할 때 병원에다 돈을 갖다 바쳐야 할 시기가 온 것이다. 그에게 암

선고란 죽음에 대한 막연한 두려움이거나, 단순히 살고 싶다는 간절한 소망을 불러오는 것이 아닌 그 이상의 것이었을 것이다.

기 선생의 일은 김정현의 『아버지』란 소설이 나오기 전이었다. 소설 속의 주인공 정수는 이름 없는 지방대학을 나왔지만, 필사의 노력으로 고시에 합격하고 문화재관리국의 서기관으로 일하다 말년에 췌장암에 걸려 4개월 시한부 인생을 살게 된다. 그러나 정수는 자신이 암에 걸렸다는 사실을 가족들에게는 알리지 않고 혼자 떠나 버리고 싶어 한다. 남겨놓는 유산으로 부인이 가게라도 하나 운영해야 먹고 살아갈 수 있지 않겠나 싶어 성치 못한 몸으로 아내 몰래 암암리에 가게를 보러 다니기도 했다. 가장으로서의 의무감에 가족들을 곤궁에 빠뜨리기보다는 조용히 생을 마감하기를 간절히 원한다. 친구인 의사 남 박사를 통해 안락사를 부탁하는 대목에서 나는 읽기를 멈추고 잠시 눈을 감아야 했다. 죽어가는 아버지가 가족들에게 남기고 싶은 가족사랑은 읽는 이의 눈시울을 적시게 했다. 출간 이후 단숨에 베스트셀러 반열에 뛰어올라 2000년 이후 5쇄 인쇄를 기록하며 아버지 돌풍을 몰아왔던 책이다.

소설을 읽고 난 후 이 소설의 설정이 기奇 선생의 경우와 똑 닮았다는 생각이 들었다. 기 선생은 퇴직 후 정기신검에서 대장암 판단을 받았다. 새천년의 시작을 바라보는 시점이었으니 1998년이 아닐까 싶다. 암이란 시간이 흐를수록 대처 능력도 점차 개발 되어 지금에 와서는 수술을 통해 많은 사람이 의술의 득을 보고 있다지만, 10년 전만 해도 그대로 사형선고로 여기지 않았던가. 당시의 우스개로는 "신이여 인간이 못 고치는 병도 이 세상에 있습니까?"에 대한 답이 "암, 있지."라고 했다지 않았나.

그는 입원 치료를 받던 중 갑자기 병원 건물에서 아래로 뛰어내려 생을 마감했다고 한다. 당시는 우울증에 의한 우발적인 사고였다고 전해 들었다. 그러나 소설 『아버지』가 기 선생을 다시 한 번 생각하게끔 한다. 경솔한 행동이라며 볼품없이 그의 죽음을 평가절하했던 그때의 이해와는 사뭇 다르다.

가난했던 아버지로서의 선택이 그 길밖에 또 다른 무엇이 있을 수 있었을까? 그는 고민했을 것이다. 퇴직 후란 경제활동이 없는 생활이다. 그리고 암 치료란 밑 빠진 독에 물 붓기나 다름 아니다. 그를 질리게 한 것은 오직 돈에 대한 걱정 때문이었을 것이다. 가장으로서 가족들을 위해 평생 모아온 얼마간의 재산을, 재산이라고 하기에도 적절하지 않을, 사는 아파트 한 채가 고작이었을 테지만, 자신의 병 때문에 이것을 소진해야 한다는 허무감 앞에 그는 스스로 무너져 내린 것이다.

소설을 읽으면서 유추해 본 기奇 선생의 상황이 내 생각과 크게 다르지 않았으리라. 가족 때문이라는 전제를 해 놓고 보니 원망보다는 그의 죽음이 오히려 거룩해 보인다. 아버지 사랑은 하늘만큼일까, 바다만큼 일까. 더도 말고 덜도 말고 어머니만큼일 것이다.

6

촌티를 못 벗으며

깡 촌에서, 핫바지를 입고, 국수를 기호식품으로 아는 순정품 촌놈으로 자라날 것이다. 그리하여 염치와 체면을 아는 도시 아저씨가 되어갈 것이다. 무식하게 도전하고 때론 상처도 받으며 울며불며 아옹다옹 살아갈 것이다. 앞서거니 뒤서거니 지금처럼 한 생이 다시 흘러가도록 할 것이다.

표정 관리

검도劍道 대련對鍊을 넋 놓고 구경하는 과객이 있었다. 이는 필히 과거 펄펄 날던 검객이었거나, 아니면 검술을 처음 봐서 신기했거나 둘 중의 하나였으리라. 행색은 초라하고 볼품이 없으나 구경하는 모습이 실로 진지했다. 대원들이 훈련을 마칠 때쯤 해서는 도장道場 안으로 들어와 과객도 한번 칼을 써 보겠노라며 대련을 청請하였다.

누가 이런 낯모르는 과객을 상대로 맞서 줄 것인가? 사정이 이러하니 불청객을 맞아 검劍을 잡고 수고해 줄 사람은 바로 대 검객大劍客이었던 관장이었다. 두 손으로 칼을 움켜쥐고 상대를 응시하는 관장의 눈은 금세라도 이 과객의 목을 벨 기세다. 그러나 이 손님은 지겟작대기 잡듯 칼을 늘어뜨리고는 무표정으로 앞만 보고 서 있다. 상대의 칼이 자기의 목숨을 흥정하고 있다는 것을 아는 듯 모르는 듯 참으로 태연해 보였다.

한동안 호신술로 검도를 수련했기에 칼의 흐름은 읽을 수 있을 정도는 된다. 검술에는 나의 허虛를 보여 줌으로써 상대의 공격을 유인하는 방법이 있다. 공격하려는 순간에 상대의 중심이 흔들리는 때를 기다렸다가 되받아치는 기술이다.

너무나 무표정한 걸인의 대련 자세가 고수高手인 사범師範의 눈에는 허술함이 오히려 허술함 같지 않아 보였다. 얼마나 오랜 수련이 있었기에 저렇게 편안한 모습일까 싶었을 것이다. 결국, 관장은 과객의 무표정 앞에 무릎을 꿇고 말았다.

노자의 도덕경道德經, 달생편達生篇에 목계지덕木鷄之德이라는 말이 나온다.

왕의 특별한 부탁으로 싸움닭을 훈련하는 사람이 있었다. 열흘이 지나자 왕은 싸움할 만큼 훈련이 되었는지를 묻는다. "아직 멀었습니다. 닭이 강하긴 하나 교만하여 자기가 최고인 줄 알고 있습니다." 다시 열흘이 지난 후 왕은 같은 물음을 한다. "아직 멀었습니다. 교만함은 버렸으나 상대방의 소리나 그림자에도 너무 쉽게 반응합니다." 다시 열흘이 지나자 또 왕이 묻는다. "아직 멀었습니다. 닭이 조급함을 버렸으나 상대방을 노려보는 눈초리가 너무 공격적입니다. 그 눈초리를 버려야 합니다."

그 뒤 열흘이 지난 후 왕이 묻자 그제야 이렇게 대답한다.

"이제 됐습니다. 다른 닭이 소리를 쳐도 꿈쩍할 낌새도 보이지 않습니다. 멀리서 보면 마치 깎아 만든 나무 닭 같습니다(望之似木鷄矣). 다른 닭이 모두 싸우려 하지 않고 달아나 버렸습니다."

반박귀진反樸歸眞이란 내공의 14번째 경지다. 무공을 익힌 사람이 자신의 내공을 갈무리 하여 무공을 익힌 흔적을 없애 평범한 사람처럼 보이게 한다. 검객 이야기에서 정말 과객은 고수의 칼잡이였을까, 아니면 단순한 지나가던 걸인이었을까? 아마도 전자였을 것이다. 이야기의 재미를 위한다면 단순한 걸인이었으면 좋겠지만, 관장의 사람 보는 눈이 그렇게 호락호락하지는 않았을 것이다. 과객은 위협하는 눈초리를 보이지 않음으로써 상대방으로 하여금 스스로 두려움을 느끼게 만들었으니 깎아 만든 나무 닭의 경지에 있었을 것이다.

조금 알면 안다고 촐싹대고 모르면 모른다고 불안한 기색이 여실하면 단순한 사람이다. 이렇게 쉽게 자기를 드러내는 사람을 상대하기란 한 수 접어주고 두는 바둑처럼 수월하다. 이에 반하여 알아도 모르는 듯, 몰라도 아는 듯, 무덤덤한 표정으로 있는 사람은 최소한 본전은 하는 사람이어서 대하기가 여간 어렵지 않다.

표정관리에 따라 사람 대접이 달라진다. 좋아도 좋아하는 기색이 보이지 않고, 마음에 들지 않아도 여간해서는 얼굴에 나타나지 않으면 본전치기는 한다. 이것은 공인된 처세술 또는 변장술變裝術이다. 쉽게 노하고 설치며 난체하며 남의 우위에 서기 위해 볏을

곧추세우는 것은 채 열흘도 조련하지 않은 싸움닭 수준도 못된다. 병법에서는 싸우지 않고 상대의 기를 꺾는 것을 최고의 술수로 여기고 있다.(不戰而屈人之兵).

무용武勇을 보이지 않는 불무不武, 성내지 않는 불노不怒, 대적하지 않는 불여不與, 자기 낮춤爲之下이 필요하다. 교만과 조급함을 버리고 완전한 평정을 찾은 표정관리를 하기까지는 많은 훈련을 쌓아야 한다. 깎아 만든 닭 같은 모습, 이것이 얼마나 어려웠으면 세계를 제패하는 재벌가에서 경영교육의 비책으로 삼아 대물림을 하고 있을까.

천생연분

하늘이 맺어준 인연이 천생연분이다. 결혼식장에서 '하늘이 맺어준 짝'이란 소리를 너무나 많이 들어서 천생연분이란 대부분이 '부부'를 말하는 것으로 알고 있다. 사실은 부부는 천생연분이 아니다. 하늘이 짝지어 내려보낸 것이라기보다는 두 사람이 제 눈의 안경으로 서로 고르고 고른 결과물이다. 하늘이 맺어준 인연처럼 귀하게 여기고 살라는 주례의 강조 말씀으로 보아야 할 것이다.

천생연분은 두 가지다. 부모와 자식 간 인연과 형제간 인연이 그것이다. 자기가 태어나고 싶은 부모를 골라잡아 태어나지 않았듯, 형제 또한 서로의 협의를 거쳐 형, 아우로 세상에 나오지 않았다. 이 두 인연이야말로 하늘이 맺어준 것이다. 부모와 형제가 천생연분임을 아는 사람이 몇이나 될까? 불행하게도 그 자리를 다른 것들이 밀치고 들어가 우선순위가 우르르 무너져 버렸다. 나이 든 부모가 애완견 다음으로 추락하는 경우가 그러하고, 있는 집안 없는 집안을 불문하고 부모가 남긴 유산으로 법정 송사로까지 번지는 형제들의 경우를 보면 더욱 그러하다.

하늘의 뜻을 거스르면 천벌을 받는다고 했다. 부모님께 불효하거나 형제간끼리의 반목질시反目嫉視는 곧 하늘의 뜻을 거역하는 일이다. 이런 짓을 눈만 뜨면 저지르고 살고 있어도 죄의식조차도 없다. 식은 죽 먹듯 자주 거스르다 보니 면역이 생겨나 아예 천륜일지라도 인간의 힘으로 끊어 버리고 산다. 부모와 자식이 원수가 지고 형과 아우가 남보다 더 못한 타인으로 살아가는 경우는 얼마나 많은가.

'부부'라는 준 천생연분도 탈이 많이 나긴 마찬가지다. 옛날은 검은 머리가 파 뿌리가 되기까지 평생을 유효기간으로 삼았지만, 지금은 신혼여행을 갔다 오면서도 헤어지는 '공항의 이별'이 있을 정도다. '부부'란 정품 천생연분이 아니라 주례가 지어낸 준 천생연분이어서 천만다행이다. 만나고 헤어짐의 인연이 헤프기 짝이 없으니 천생연분인들 성할 리 있겠는가.

부모·형제에 관한 한 어느 집안이나 성한 곳이 없다. 뚜껑만 열리면 오만 가지 일그러진 모습들이 판도라 상자의 괴물로 튀어나온다. 차라리 낳지를 말았어야 하는 자식이라며 부모 되기를 포기하는 때도 있다. 신문의 사회면을 장식하는 그날그날의 크고 작은 사건 사고 중 부모·자식, 형제간 사이에서 일어나는 것들이 빠지는 날이 없다. 천벌을 하늘에서 내린다면 천생연분 때문에 하늘은 또 얼마나 바빠질까?

천벌이 두렵지 않느냐는 말도 겁나지 않는다. 천벌은 죽은 후에나 받는 것으로 알고 있기 때문이다. 살아서 받는 가장 낮은 단계의 과태료 정도로도 여기지 않는다. 외상이라면 소도 잡는 인간들이 아닌가. 그래서인지는 몰라도 천벌은 후불이 아니라 철저히 직불 방식으로 해 놓았다. 부모가 제 부모에게 하는 매사를 자식이 보고 자라서 자식은 부모가 가르쳐준 그대로 답습하게 되어 있다. 형제간의 우애도 마찬가지다. 효자 집안에 효자 나고, 왕대 밭에 왕대 나도록 해 놓았다.

내가 한 만큼을 되돌려받는데 누가 가혹하다 할 것인가? 그러고 보니 천벌이란 하늘이 내리는 벌이 아니라 스스로 자신에게 내리는 자업자득의 벌이다. 때로는 눈물 젖은 빵을 먹어야 하기도 하고, 고독한 침상에서 울면서 근심에 찬 밤을 지새울 수도 있을 것이다. 천생연분이란 누구도 벗어날 수 없는 인간의 굴레다.

벌 바둑의 변辨

체계적으로 배우지 못한 것 앞에는 '벌'이란 접두어를 붙인다. 그렇게 좋은 의미가 아니어서 대충 또는 설렁설렁 배웠다는 뜻이다. 아무튼 나는 벌 바둑이다. 어깨 너머로만 배우면 절대로 실력이 늘지 않는다고 한다. 바둑에 있어서는 어쩌면 평생을 가도 '벌' 자를 떼기 어려울 것이다.

급수로 치면 몇 급이나 될는지? 이런 급수가 있는지는 몰라도 10급은 넘을 것이다. 그렇더라도 바둑에서 자주 아이디어를 얻는다. 글을 쓰기 위해, 아니면 경영에 관한 교육을 할 때다. 자주 써먹는 이야기가 '我生然後殺他아생연후살타'이다. 나부터 살고 나서 남의 것 넘겨다보라는 말이다. 바둑판에서 귀동냥 한 것이지만 공자님 말씀만큼 교훈적이어서 눈 여겨 볼 만한 경구다. 이런 말 하면 당신 바둑 얼마나 두느냐는 질문을 받는다. 몇 년이란 경력도 없고 몇 급이란 급수도 모른다. 그냥 웃어넘길 수가 없어서 두어 가지 더 주워다 섬긴다. 두 점 머리는 두들겨라, 붙이면 재껴라 정도를 안다고 한다. 아리송한 응수로 '벌'자가 떨어진 사람인 체하는 것이다.

취미 생활이라고만 생각한 것이 잘못이었다. 바둑은 해도 되고 안 해도 되는 잡기 정도가 아니었다. 체계적으로 배우고 실전에서 익혔더라면 좋았을 걸 때 늦은 후회다. 공부하느라 배울 기회가 없었다거나 산다고 바빴다는 말은 지금 와서는 통하지 않는다. 박사공부 한 교수들일수록, 눈코 뜰 새 없이 바쁜 CEO일수록, 바둑 고수가 더 많다.

친구 하나가 기원을 냈다. 동창들이 친구 사업도 도우고 친목도 도모하자며 기우회를 결성했다. 나는 이들과 어울리지 못한다. 사는 데 지장이 없다고 등한시 했던 바둑이 바로 나의 아킬레스 근이 되어버렸다. 바둑 장애자는 기피성 인물이다. 벌 바둑은 상대의 재미마저도 앗아가는 재수 없는 사람 취급을 받는다.

공항에서도 판을 벌인다는 고 스톱도 칠 줄 모른다. 선친께서 직접 가르쳐 보겠다고 명절 때마다 시도했으나 불가능 판정을 받았다. 서양 화투인 트럼프도 마찬가지다. 양쪽 모두 짝을 맞출 줄 모른다는 결론을 지으셨다. 화투는 바둑에서의 '벌' 대신 '민'자가 붙는다. 초등학생도 쳐다보지 않을 민화투가 내가 아는 전부다. 간신히 길을 물어 찾아가는 민화투로는 친구들과 같이 어울릴 수 없다.

벌 바둑을 두면 꼼수만 는다고 했다. 꼼수도 기술일 거라고 했더니 그게 아니란다. 바둑을 같이 두면 상대의 성격도 알 수 있어 꼼수 자주 튀어나오면 인간성이 훤히 내다보인다고 했다. 사람대접 받으려면 정석으로 배워서 하란 말이다. 4귀에서 살아남기에 급급한 쪽인 나 같은 벌 바둑이 있는가 하면, 중앙으로 뻗어나가 듬성듬성 말뚝만 꽂아 놓아도 나중에는 자기 집이 되는 친구도 있다. 하늘과 땅 차이이다. 나야말로 태산에 오를 생각을 하지 않고 뫼만 높다며 친구들의 기량만 쳐다보는 위인이다.

골프를 잘 치는 선배를 부러워했던 적이 있다. 그는 이렇게 말했다. 나한테만 골프 치라고 별도의 시간이나 돈을 주지 않았다는 것이다. 결국은 부러워하기 전에 당신은 얼마만큼 골프에 공을 들였는지를 생각해 보라는 암시였다. 잡기는 잡스런 기술이어서 슬슬 하다 보면 세월이 해결해 주는 줄 알았다. 골프마저도 낙제 점수의 벌 탕이 골프를 치고 있다.

바둑도 벌 바둑, 화투도 벌 화투, 골프도 벌 골프. 그러나 벌자가 붙지 않아도 되는 것이 하나 있으니 등산이다, 전문산악인에 비한다면 등산마저도 벌 등산이겠지만, 다행히 등산에는 그런 용어가 아직 없다. 산책이거나 들놀이 정도이니 벌 등산은 없다. 아슬아슬한 재미와 이기고 지는 승부의 맛은 없어도 같이 어울릴 수 있다는 것이 장점이다. 배우기 위해 별도의 시간과 돈이 필요하지 않으며 기술을 요하지 않아서 좋다. 그냥 입과 귀를 열어두고 발걸음을 내디디면 그만이다.

바둑이 등산처럼 쉬우면 얼마나 좋을까? 생수 한 병에 김밥 한두 줄이면 마음 놓고 따라 나설 수 있는 그런 유의 바둑이 그립다. 건장하고 총명한 젊은 시절 다 보내고, 머리를 써도 따라잡을 수 없는 그런 나이가 되어서야 바둑을 짝사랑하게 된다. 바둑 5불가론을 앞세우며, 태조 이성계의 위화도 회군처럼 기고만장했던 옛날이 생각난다. 1. 폐쇄 공간에서의 놀이다. / 2. 담배를 많이 피운다. / 3. 이기고 지는 것은 휴식이 아니라 작은 전쟁이다. / 4. 허리를 구부리고 논다. / 5. 시간 죽이기다. 모두 안 될 이유만 열가하고 있었으니, 될 일도 안 되게 되어있다. 평생을 벌 바둑 소리를 듣고 살아야 할 운명이다.

잡기가 사람 사이를 연결해 주는 다리라는 것을 지금에서야 절실히 느낀다. 잡일과 중요한 일이 조화를 이룰 때 삶에 활기가 생긴다고 했다. 큰일만을 하겠다면 결국 큰일조차도 못 하게 된다. "지난 몇 년간 휴가 한 번 가지 않았을 정도로 열심히 일하고 있다는 것을 자랑 삼지 말라." 이는 Inland Container Corp. 창립자, Herman Krannert의 말이다. 만약 내가 짬짬이 바둑이나 둘 수 있는 여유를 가졌더라면 지난 인생에서 더 큰 그림을 그릴 수 있지 않았을까를 생각해 본다. 부질없는 생각일까? 그러나 확실한 것은 나의 노년이 훨씬 더 즐거움을 더할 수 있을 것이라는 점이다.

큰아이 생일 날

"큰아이 생일 날/ 꼬꼬대 한 마리 잡았더니/ 집안이 온통 꽃이다 // 뼈대며 마음가짐이/ 제법 무던해 가는데/ 알뜰한 믿음으로 하여/ 감사하고 있는 아내의 얼굴에/ 속일 수 없는 숱한 생활의 쪼가리가/ 아른거린다//
한恨이사 없어도/ 시달린 연륜/ 인생 사십을/ 봄 가고 가을 오고/ 삶이란 얼마나 허虛한 것이냐/ 삶이란 얼마나 귀貴한 것이냐//
아이야/ 이런 날 나는 네게 무얼 줄 건가/ 아무것도 없구나, 정말//
아버지는/ 이런 날일수록 아무튼/ 흐뭇한 시詩를 써야 한단다."

목인(牧人) 전상렬 시인(1923~2000) : 1955년 조선일보 신춘문예 입선으로 등단, 시집 『피리 소리』 외 12권, 산문집 『시의 생명』 외 다수와 고희기념문집을 남겼다.

가난했던 시인, 나의 스승님을 그리며,

<큰아이 생일 날>, 시에서 말하는 큰아이도 벌써 일흔의 고지를 넘보고 있다. 선생님의 글이 수록된 『생성의 의미』란 시집의 출간 연도가 1965년 초, 여름이고 보면 이 시의 시대적 배경은 우리가 중학생쯤이 되지 않을까 싶다. 시의 소재가 된 큰아이와 나는 같은 학교에 다녔고 동갑내기다. 가난했던 아버지, 시인 가족의 식탁은 어떠했을까? 중등학교 교사로 재직 중이셨던 시인이 설마 가족을 굶기기야 했을까마는, 이 시에서 보이듯 아버지로 사는 삶은 녹록하지 않았을 것이다. 한국전쟁이 끝난 지 막 10년이 되는 때이니 어찌 그 궁핍한 삶이 시인만의 전유물이었겠는가. 전상렬 시인은 촌부의 맏아들로 태어나 도회지로 나와 대가족을 부양했던 그 시대의 고달픈 아버지 중의 하나였을 것이다. 둘째 아이도 있고 셋째도 있었지만, 특별히 큰아이 생일이라서 닭 한 마리를 잡았단다. 웃음꽃이 쏟아지는 행복의 저녁나절은 멀리 있는 것이 아니라 가까이 있었다. 그나마 그 행복은 아내의 알뜰한 내조가 있어서 가능했을 것이라며 그 공을 아내에게 돌리고 있다. 그러나 정작 아버지는 아이 생일에 줄 선물이라고는 아무것도 없어 시를 써야 한다. 제목하여 「큰아이 생일 날」이다.

아이 생일에 닭 한 마리를 잡았노라며 감격해 하는 소박한 아버지의 모습이 멋이 넘친다. 지금이야 소를 잡더라도 눈도 깜짝하

지 않을 생일잔치가 되겠지만, 닭 한 마리를 꼬꼬대로 표현할 만큼 시인은 기쁨에 넘쳐 있다. 가난한 시인으로서 익살스러우면서도 거나한 자부심이 엿보인다. 케이크도, 나이만큼의 촛불도, 생일축하 노래는 아니어도, 누가 이 시인보다 더 풍성한 애정을 자식에게 전할 수 있을까? 그 아이가 반듯하게 자라 사회적인 존경을 받는 유능한 교수의 길을 걸을 수 있었던 것도 모두 소박했던 시인 아버지의 자식 사랑 때문이리라. 목인 전상렬 시인은 향토적 정서와 삶의 진실을 추구하고 자연 친화와 인생 관조의 빛깔이 두드러지는 서정시의 금자탑을 쌓은 시인이시다. 가난한 시인 아버지를 둔 내 친구는 아버지의 가난을 대물림하지 않으려 했었던지 경세제민經世濟民을 택해 후일 경영학 박사가 되어 대학 강단에 섰으며 나라 살림을 일으켜 세우는 견인차 역할을 할 후학들을 많이 양생해 냈다. 친구의 아버님이시며, 나의 중학교 담임선생님, 그리고 문인으로서는 대선배이신 시인님을 존경의 마음으로 추억해 보았다. 예술은 가난을 구제할 수는 없어도 위안을 줄 수 있다고 했다. 목인 전상렬 선생님은 지금도 가난한 이들의 마음을 위안해 주고 계시다.

틈, 악의 기술

인간의 본성은 원래 선善한 것인데, 외물外物에 유혹되어 악惡이 생긴다. 이는 맹자孟子의 성선설性善說이다. 나는 순자荀子의 성악설性惡說보다는 맹자의 성선설 쪽을 더 신뢰해 왔다. 살아남기 위해 동원되는 못된 짓들을 어찌 태어날 때부터 인간이 알고 있었으랴. 후천적으로 터득하는 것이 맞을 것이라는 생각에서다.

병서는 악을 가르치는 책이다. 이기기 위한 수단 방법을 총망라해 놓고 있다. 손자병법이 좋은 예다. 착하기만 해서는 전쟁에 이길 수 없을 것이니 병졸에서부터 장수에 이르기까지 상대를 제압하는 방법을 모두 가르쳐준다. 손자병법 모공편謀攻編에 있는 상병벌모上兵伐謀는 상책의 용병은 적을 모사謀事로써 이기는 것이라는 말이다. 군대를 동원하여 싸움질하는 것을 가장 낮은 단계의 술수로 보았다.(上兵伐謀, 其次伐交, 其次伐兵, 其下攻城) 여기서 '벌모'란 위협하기도 하고 이간질하고, 때로는 유혹하는 등의 모든 방법을 뜻한다.

송나라의 양공이란 임금은 인자한 임금 소리가 듣고 싶었다. 그러나 후세에는 아무도 그를 어질다 하지 않는다. 상대에게 약한 틈이 보일 때 먼저 공격을 해야 한다는 공손소의 말을 듣지 않았다. 초나라의 장수 투발이 강을 다 건너고 전열을 다듬을 때까지 기다려 주었다가 싸움을 시작했다. 결국 송나라는 초나라에 패하였다. 공연히 어진 척하다가 낭패를 본 왕이다. 송양지인宋襄之仁이란 어리석음의 대명사처럼 되어있다.

어질다고 소문난 유방까지도 숙적 항우와의 대결 과정에서 이간질이란 계략을 썼다. 유방의 부하 진평은 황금으로 첩자를 매수하고 헛소문을 퍼뜨려 항우가 자신의 책사인 범증을 의심하게 한다. 결국, 범증은 항우를 등지게 되고 범증 없는 항우는 서서히 열세에 몰리게 된다. 조그만 틈이 단단한 둑을 무너뜨리듯, 이간질로써 상대의 결속을 허물어 버렸다.

지금은 기업 경영에서도 '협상의 기술'이나 '마케팅 전략'에 손자병법을 가르치고 있어 삶이 곧 전쟁터다. 틈을 이용하라는 '틈새시장'이란 용어는 이미 친숙해진 용어다. 눈에 불을 켜고 이 틈저 틈을 살피는 약삭빠른 사람이 되어야만 식솔들 밥은 굶기지 않는다. 틈을 만들어 파고들라는 말은 병법에만 한정되지 않는다.

위와 아래, 가진 자와 못 가진 자, 동쪽 사람과 서쪽 사람, 심지어 위정자와 국민 사이에 틈을 비집고 골을 파서 위태롭게 흔들어 댄다. 특히나 선거 때가 되면 무차별 폭로전, 인신공격, 유언비어, 비판과 비난이 난무한다. 생사람 잡기를 식은 죽 먹듯 하고 있다.

심지어 운동경기에서도 병서의 기술을 적용한다. 좌우 동수이면 중앙이 허虛다. 서로 상대에게 미루는 심리를 이용해서 파트너끼리를 이간질하는 방법이다. 테니스나 탁구에서 복식경기를 할 때 중앙을 집중적으로 공격한다. 사이를 뜨게 만드는 이간질은 인간의 동물적 근성이다. 주고받는 대화의 태반이 다른 이들에 대한 험담으로 이어지고 있다. 어지간한 돈독한 신심의 신자라도 시정잡배와의 구분이 모호할 지경이다. 화합의 말을 즐겨 사용하면 그러한 인연으로 천상에 태어난다는 부처님의 말씀이 무색해진다. 아마도 사람 사이에 틈을 만들지 않는다는 것은 천국에서나 가능하다는 말일까? 인간은 원래가 악한 존재였던 것이 아니었는지……. 이 지경에 이르고 보니 순자의 성악설이 더 맞을 것 같기도 하고.

헤르만 헤세는 "안개에 둘러싸인 나무들은 숲 속에서도 고독하다"고 노래했다. 사람들은 서로 연막을 치고 산다. 시인은 군중 속에서 외로움을 느껴야 하는 우리를 에둘러서 말하고자 했을 것이다. 사람 사이를 비집고 드는 안개는 틈이며 간격이며 이간질이다. 기요틴Guillotin은 사형을 쉽게 집행하기 위하여 단두대를 만들어 수많은 사람들의 목을 잘랐다. 그러나 기요틴 자신도 결국 그 기계에 의하여 목이 잘려야 했다. 악의 기술을 배우고 익히며 즐기는 동안 어느 틈에 그 기술의 희생자가 될 수도 있다는 것을 잊고 산다.

촌티를 못 벗으며

■ **면**面

면은 내 뿌리가 닿아 있는 곳이다. 지금은 광역시에 속하지만, 아직도 괄호 속에는 달성군 옥포면이라는 주석이 따라다닌다. 면 소재지에서 다시 자갈길 십 리를 더 걸어 들어가야 했다. 촌놈이라는 애칭을 떨칠 수가 없다. 띄엄띄엄 흩어진 마을을 다 주워 모아도 지금 사는 2,500세대의 아파트 단지 하나만 못하다. 내 뿌리는 산속으로 깊이 들어가 박혀있어 조금만 방심해도 촌놈 기질이 튀어나온다. 배가 불러야 안정감을 찾는 신체구조가 그렇고, 싱겁고 얼빠지고 목소리 큰 머슴 기질이 그러하다. 나는 면 단위 출신의 순정품 촌놈이다.

■ **면**綿

면바지 저고리에 두둑이 솜을 넣은 것을 핫바지라 했다. 한 벌로 겨울을 났다. 섶이 구두약을 바른 듯 반질반질해질 때까지 입어야 했던 핫바지 소년이었다. 여러 벌로 씻고 벗고 할 수 있는 처지가 아니었다. 사정이 되지 않아 삼동에 홑옷으로 지내던 아이에게 비하면 솜바지 하나로도 부유층 자제 같은 부러움을 샀다. 정월 초하루 걸치면 대동강물이 풀려야 그 옷을 벗는다. 옷 한 번 갈아입히려면 얼마나 많은 어머니의 수고를 빌어야 했던가. 핫바지의 따스함은 어머니의 손길 때문에 더욱 따뜻했다. 물빨래로 솜바지가 마르는 시간은 얼었다 풀렸다 열흘도 부족했다. 캐시밀론이 주를 이루는 지금이야 이불이란 것이 큰 보자기 하나만큼이나 흔해졌지만, 당시 솜이불은 시집· 장가갈 때나 장만하던 귀금속에 버금가는 혼수품이 아니었던가. '목화밭' 노래가 사라지고 지금의 아이들은 목화밭의 달콤하고 쌉쌀했던 다래 서리 맛을 모르고 산다.

■ 면麵

제일 좋아하던 음식이 국수였다. 등급을 매기면 손수 만들어 주신 어머니의 칼국수가 제일이고, 그다음은 누런 기계 국수다. 백설같이 하얀 놈은 장터에서나 사 먹을 수 있었다. 국수는 보리밥 다음이다. 보리밥도 마음 놓고 먹을 형편이 못되면 밀가루 음식이다. 운명적으로 국수는 내가 제일 좋아하는 음식이 되어버렸다. 한바탕 소나기가 지나가고 나면 살평상에 걸터앉아 갓 삶아낸

쫄깃한 누런 국수를 먹던 풍경은 그야말로 시골 사는 맛을 나게 했다. 정미소에서 밀을 빻는 날 그 밀가루로 즉시 국수를 뺀다. 모양은 나지 않았지만 든든한 한 해 양식이 되었다. 고등학교를 졸업하고 서울로 유학을 떠날 때 어머니는 국수파티를 열어 주셨다. 양푼에 철철 넘치게 말아 올린 어머니 표 국수, 참기름 한 방울이면 맛내기 마무리다. 지금은 맵시 있는 도시 색시처럼 가늘고 하얀 소면이 국수의 대명사여서 투박하고 굵고 누런 촌 국수는 천지에 자취를 감추고 말았다. 국수를 먹으면 명이 길어진다는데, 지금 성한 이 몸은 그때의 면발이 효력을 내고 있는 것이 아닐까 싶다.

■ **면** 〔體面〕

체면體面 치레는 촌에서 배웠다. 서당에서 한글 이전에 배운 동몽선습童蒙先習, 계몽편啓蒙篇 덕분이다. 넉넉잖은 집안의 손孫 많은 가정이라 눈치도 빨랐고 남과의 설정에서 더불어 살아가는 방법을 일찍부터 배웠다. 어떻게 보면 소심하고, 앞에 나서지 못하고 엉거주춤하는 꼴이나 세상살이에 어수룩해 보이는 것도 체면치레를 앞세우는 촌놈 기질에서 나온 것이리라. 시골 사람들은 아직도 염치가 있다. 어른에게 인사할 줄 알고, 뉘 집 자식 못 쓰겠다는 소리 안 들으려고 조심을 한다. 사나흘이 멀다 하고 들어오고 나가는 통에 이웃을 모르고 사는 아파트 생활하고는 딴판이다.

■ **면** [if]

다시 태어난다면? 문법에서 가정법 미래의 조건절은 현재 또는 미래에 대하여 있을 것 같지 않은 가정이다. 사랑하는 메기Maggie의 추억과 옛날의 금잔디가 아니어도 좋다. 부모 형제가 기다리는 머나먼 스와니 강Swanee River의 그리움이 아니어도 좋다.

다시 태어난다 하더라도 이용복 가수가 노래한 진달래 먹고 물장구치는 어린 시절의 그곳을 택할 것이다. 깡 촌에서, 핫바지를 입고, 국수를 기호식품으로 아는 순정품 촌놈으로 자라날 것이다. 그리하여 염치와 체면을 아는 도시 아저씨가 되어갈 것이다. 무식하게 도전하고 때론 상처도 받으며 울며불며 아옹다옹 살아갈 것이다. 앞서거니 뒤서거니 지금처럼 한 생이 다시 흘러가도록 할 것이다. 한번 묻어버린 촌 때는 죽어도 벗지 못하는 무서운 근성이기에 언제나 촌놈이기를 마다치 않을 것이다. 면면히 대를 이어 촌티 나는 가정을 꾸려나갈 것이다.

차車 병원을 다녀오며

어딜 가자고 하면 대꾸가 없다. 몇 번을 고쳐 말해도 못 알아듣는다. 하다못해 "너 지금 어디에 있는 거니?" 하고 물어도 있는 제 좌표조차도 모른다. 날씨 탓이려니 했더니만 그것도 아닌가 보다. 추우면 더 긴장되기 마련인데, 눈 오는 날은 포근한 날이지 않은가. '내비게이터'는 바보가 되었다. 탄탄대로에서 경로를 벗어났다고 헛소리를 하기도 하고, 사고 날 턱에도 없는 곳에서 사고 다발 지역이라며 호들갑을 떤다.

개의 1년은 인간의 7년이란다. 개 열 살이면 인간 70이다. 자동차의 1년도 개와 마찬가지다. 10년 탄 차는 제법 고령에 해당한다. 어디에서 나온 셈법인지 알지 못한다. 고등수학이 아닌 산수나 셈본 수준의 것이라 해두자. 보증 수리란 대개 5년이다. 그러고 보면

차도 35세의 장정 시기가 지나면 앞으로 건강을 책임 못 지겠다는 말이다. 인간도 40대부터는 성인병이 시작되지 않는가.

차를 만드는 사람들은 참 머리가 좋은가 보다. 절대로 고장 날 것 같지 않았던 놈이 용케도 보증기간만 막 끝나고부터는 감기 기운도 있고 몸살도 한다. 귀하게 다룬 놈일수록 응석도 심해진다. 병원 한 번 찾지 않아도 한 십 년은 펄펄 뛰어다닐 것 같더니 만년 장사는 아니었나 보다. 차 병원에 들어서서야 보증기간이 만료되었다는 것을 알았다. 머피의 법칙이라고나 할까?

'내비'는 신경이 마비되거나 뇌경색이 있어 반쪽이 중풍이라도 들었나 보다. 수술해도 장담할 수 없으니 교환하는 것이 낫겠다고 한다. 자주 찾아오기도 번거로우니 차제에 정밀 검진을 부탁했다. 피검사니 혈압 맥박이야 기본이고 위, 대장검사를 포함해서 모두 해 달랬다. 쾌적한 실내를 위한 공기청정기 필터나 에어컨에 냉매 주입 등은 말 귀를 알아들을 수 있다지만 타이탄 벨트니 뭐니 하면 벌써 머리가 아프다. 정기적으로 갈아주는 오일은 제대로 관리가 되었지만 5년 만에 한 번 교환해야 하는 미션오일은 주행거리와 관계없이 갈아야 한단다. 보닛을 열고 청진기를 대더니 엔진의 맥박은 정상이라고 한다. 다행이다. 우로 돌아봐, 좌로 돌아봐를 시켜 보더니 깜빡이 등 레버가 고장이란다. 오래 전부터 찰칵찰칵 넘어가는 소리가 없었던 것이다. 히터 열선이 탈이 났으니 열선을 교환해야 하고, 안구 검사에서는 왼쪽 전조등이 탈이 났다고 했다. 한동안 애꾸눈으로 밤거리를 누볐나 보다. 건널목 앞에서 멈춰 서기가 약하다고 했더니 브레이크 디스크를 갈 때가 되었단다.

친절한 금자씨 같은 기사는 신이 나 있다. 어지간한 중고차 가격의 수리 견적서를 들고 왔다. 알아서 해 달라는 말이 정답이다. 아마도 그는 관리소장으로부터 상당한 칭찬을 들을 것임이 분명하다. 말 못 하는 기계야 늘 기사가 대변해 주는 것이니 기사 마음대로가 아니던가. 인간 병원에서는 멀쩡해 보이는 사람도 의사 말이라면 순순히 수술대에 올라야 한다. 차 병원에서는 예방정비라는 말로 통했다. 때론 환자를 위하여, 때론 서비스 센터의 수입을 늘리기 위해서.

차도 사람과 마찬가지다. 탈 없이 지내다가도 기댈 데가 없어지면 탈을 낸다. 5년생이니 탈 날 때가 되었다고 하겠지만 뛴 거리는 아직 2만 킬로가 조금 넘을 정도다.

"선생님, 주행거리가 얼마 되지 않네요."

이런 정도 사용할 것이라면 승용차는 왜 필요한지를 넌지시 묻는 말이다.

"없는 볼일 일부러 만들고 다닐 수는 없잖소."

차는 맹물로 다니나? 휘발윳값이 얼만데, 열 불나게 나돌아다녀야 본전하는 것도 아니다. '당신도 내 나이 되어보렴.' 말해주고 싶어도 입이 떨어지지 않았다.

기사분의 말대로라면 사용하지 않았다고 해서 탈이 없는 것이 아니라도 했다. 세워 놓는 것이 타는 것보다 더 손해란다. 시간이 흐르면서 탈이 더 많이 난다는 것이다. 억울하다는 생각이 들었지만 이미 버스 지나고 손들면 뭣 하나. 중고차 거래장에서도 턱없이 주행거리 누적도수가 적은 것은 기피 경향이 있다고 했다.

차를 타고 나갈 일이 그렇게 많지가 않았다. 시내는 주차 문제 때문이고 장거리는 가족이 함께 떠나는 여행이 아니고서야 나 홀로 운전은 경제적이지 못하다. 그렇다고 이런 논리만 앞세워 숫제 차 없이 지내겠다는 것도 부질없는 고집이 될 것이다. 불쑥불쑥 간헐적으로 차가 꼭 필요할 때가 많다. 급하면 택시를 이용하면 되지 않겠느냐고 할지 몰라도, 차가 있어도 택시는 탄다. 없애도 불편하고, 가져도 불편한 것이 퇴직 후의 승용차다.

처음으로 종합 진단 한 번 해 주고 병치레 운운하다니. 없애느니 마는지를 논하는 것 자체가 애완견 수준에도 못 미치는 애차심이다. 돈 좀 썼다고 돈 먹는 하마로 몰아붙일 작정인가?

신발을 숫제 없애고 맨발로 서겠다면 몰라도. 이는 현대인의 생활 방법이 아니다. 차는 나를 편안하게 해주는 수석비서관이며 내 발에 꼭 맞는 신발이다. 타이어 신발보다 더 싼 집 앞을 지나고 있다. 아차, 그러고 보니 하나가 빠졌구나. 타이어 교환도 해야 했는데……. "목적지 부근입니다." '내비'는 신이 났다. 이제 정신이 제대로 돌아가나 보다. 돈 들인 값을 단단히 하고 있다.

하늘의 것을 탐하다니

"소년이여 야망을 가져라."

이는 *클라크 씨가 일본을 떠나면서 학생들에게 남긴 말이다. 이후 세계대전으로 황폐해진 일본의 젊은이에게 희망의 메시지가 되기도 했고, 한국 전쟁 후 황폐해진 우리나라 젊은이들에게도 적지 않는 영향을 주었다.

이 유행어 때문에 고등학교를 졸업하는 우리는 앙케이트 형식으로 서로의 꿈을 묻기도 하고 연판장을 돌리기도 했다. 1966년, 벌써 50년이 다 된 고등학교 졸업 사진첩을 뒤적이다 문득 두 친구의 특이했던 꿈을 만난다. 한 친구의 꿈은 '드라이브'라면서 싱긋이 웃었던 기억이 나고, 다른 친구는 '승마'라고 했던 것 같다.

'60년대에 한국에 승용차가 몇 대가 있었다고 꿈이 드라이브였을까? 드라이브가 뭔지나 알고나 있었을까? 당시로서는 꿈도 야무지다며 우스개로 넘겼다. 대구에서 첫째 둘째가는 부자가 아니고서야 자가용이란 감히 생각이나 해 볼 꿈이었던가? '승마' 또한 내로라 하는 영화배우라도 사치스런 공상이지 않았던가. 나라에는 태릉에 승마장 하나가 겨우 있었다. 이들은 모두 일찍이 깨우친 아이들이었을 것이다. 야망을 가지는 데는 큰돈이 드는 것이 아니라는 것을 알았을 테니 이왕이면 간 큰 소원을 했을 것이다.

다행히 두 사람은 모두 꿈을 이루었다.

차를 타고 드라이브를 즐기겠다는 친구는 차가 신발이 된 지금에서야 어렵지 않게 저절로 되었다. 이런 경우는 '이루었다.'기보다는 '저절로 되었다'는 것이 더 적절할 것 같다. 다른 한 친구는 승마장에서 지금도 말과 함께 생활하고 있다. 특이한 의상, 헬멧, 부츠, 그리고 착 달라붙는 승마바지 차림으로 노년을 보내고 있으니 세상에 이만한 스포츠가 어디에 있겠는가. 두 사람 모두 어릴 때의 꿈을 이루었으니 행복한 사람이다. 성공이란 꼭 돈이나 명성이어야 하는 것은 아닐 테니까.

'소년이여, 야망을 가져라.'라는 말의 바로 뒤에 이어지는 문장을 아는 이가 그리 많지 않다. 내 생각에는 오히려 뒤쪽이 더 압권이다.

"야망이란 목전의 이득에 관한 것도 아니며, 이기적인 자기성취도 아니며, 헛된 꿈에 사로잡힌 명성도 아닌, 단지 사람으로서

꼭 지켜야 할 됨됨이를 이루기 위한 것이다."라는 대목이다.

너무 큰 야망을 가졌다며 웃음거리가 된 두 친구는 아마도 이 문장의 후미 부분을 읽었을 것임이 틀림없다. 그들의 삶은 명성도 돈도 아닌, 평범하면서도 성실한 소시민적 직장인으로 지금까지 살아왔기 때문이다.

대단치 않은 야망조차도 못 이룬 친구도 있다.

꿈이 작다고 해서 쉽게 이루어지는 것이 아니었나 보다. 어머니로부터 일찍 젖을 뗀 친구의 꿈은 가슴이 큰 여성을 만나는 것이었고, 글을 잘 썼던 친구는 시인이 되는 것이었다. 그들의 꿈은 소박하고 작았다. 그러나 먼저 친구는 꽃다운 나이에 요절해서 젖소 부인 꿈을 꾸다 말았고, 다른 한 친구는 등단하여 시인까지는 되었으나 막 유명세를 탈까 말까 한 시기에 세상을 떠났다. 그러고 보니 대단한 야망이라고 했던 것은 대단하지 않은 것처럼 쉽게 이루어졌고, 대단하지 않았던 것은 그것마저도 슬그머니 비켜 달아나 버렸다. 운명의 장난이라 해 두는 것이 좋겠다.

친구들이 드라이브나 승마를 꿈꿀 때 나는 도대체 무슨 꿈을 가졌을까를 자문해 본다. 야망보다는 배가 먼저 고팠을 것이고 저녁 한 끼에 매달리고 있었을 것이다. 검은 교복에 자취생의 궁핍이 절여져 있었다. 굳이 표현해 보라면,

"밥 먹을 정도나 되고, 약간의 체면이나 지킬 수 있으면 좋겠다."는 생각이 아니었을까 싶다.

표현이 또래들을 속상하게 만들었나 보다. 갑자기 같은 페이지에 자리한 급우 사진들이 일제히 쑥덕거리는 눈치다. 이룰 수 없는 야망을 가진, 하늘 것을 탐하는 욕심쟁이라나, 뭐라나? 그래 너희들이 맞아, 지금 나이에 생각해 보니 밥 먹고 살기가 가장 힘든 일이었어. 나는 까까머리 친구들을 다독이며 조용히 앨범을 덮었다.

* William Smith Clark, 1826~1886: 미국 매사추세츠 주립 농과대학 학장 출신. 일본 홋가이도 대학 부학장으로 자연과학과 식물학을 가르친 바 있다. 그는 일본을 떠나면서 소년이여 야망을 가지라는 고별사를 남겼다. (Boys, be ambitious, not for money, not for selfish accomplishment, not for that evanescent thing which men call fame. Be ambitious for attainment of all that a man ought to be.)

아포리즘
[에세이 포레, 수필평론 신인상 당선작]

'아포리즘aphorism 수필'의 가능성에 대하여

'아포리즘 수필'은 수필을 아포리즘 형태를 쓰자는 의미가 아니라고 본다. 그보다는 짧은 문장, 간결함, 촌철살인의 의미를 담아내는 기지가 보이는 글을 쓰라는 권고로 재해석하고 싶다.

아포리즘
[에세이 포레, 수필평론 신인상 당선작]

'아포리즘aphorism 수필'의 가능성에 대하여

석 현 수

〉〉 들어가면서

요즈음은 '아포리즘 수필'이 대세라고 한다. 이런 글 쓰지 못하면 시대에 뒤떨어지는 작가라는 소리를 듣는단다. '아포리즘 수필'이 등장한 지 불과 일 년 만의 일이다. 이런 현상을 가까이서 보면서 필자는 <벌거숭이 임금님>이란 동화를 떠올린다. 「벌거숭이 임금님」 ① 안데르센의 단편 작이다.

왕에게 두 명의 재봉사가 찾아와 근사한 옷을 만들고 있다. 이들이 지어준 옷은 마음 나쁜 사람에게는 눈에 보이지 않는 옷이라는 정의를 먼저 내려놓는다. 겁부터 준 것이다. 누구라도 옷이 보이지 않는다고 한다면 마음 고약하다는 사람이 자동으로 되어 버릴 것이니 모두가 칭찬 일변도였다. 심지어 임금님까지도 옷의 아름다움에 감탄한다. 사실은 만들지도 않은 가공된 거짓말로 임금님을 속인 것이다. 벌거벗고 나온 임금을 향해 천진한 어린아이 하나가 "임금님이 벌거벗었다"는 말을 하고서야 모두가 속은 줄 알았다.

왜 존재하지도 않는 옷을 볼 수 있다며 모두가 옷을 아름답다고 하고 있었을까? 그것은 마음 나쁜 사람으로 판단 받지 않게 하기 위해서다. 작금의 내로라 하는 수필가들이 앞다투어 '아포리즘 수필'에 대해 칭송에 침이 마르고 있다. 이런 현상이 혹시 시대에 뒤질세라 몸부림치는 우리의 모습과도 같다는 생각에 어린아이 눈으로 '아포리즘 수필'을 살펴보기로 한다.

〉〉 펼치며

1. 아포리즘이란 무엇인가?

아포리즘aphorism [ǽfərizm]의 사전적 의미는 경구警句②나 격언을 일컫는 말이다. 일반적으로 생각할 수 없는 기발한 생각이나 기지를 표현한 짧은 글을 일컫는다. 예를 들어 그리스의 명의名醫 히포크라테스가 말한 "예술은 길고 인생을 짧다"나 셰익스피어의 "약한자여 그대 이름은 여자이니라"와 같은 것이다. ③신조나 원리를 간결하게 표현한 것, 또는 널리 인정받는 진리를 명쾌하고 기억하기 쉬운 말로 나타낸 것이다. 우리의 격언, 금언, 잠언, 경구 따위와 같다. 아포리즘은 오랜 경험을 집약한 짤막한 말이다. 아포리즘을 정의함에, 단 한 문장 속에 책 한 권의 지혜를 담고 있다는 표현이 결코 과장이 아닐 것이다. 진리로 널리 인정받고 있는 진술도 아포리즘이라고 부르게 되었기 때문에 오늘날에는 격언과 거의 같은 뜻으로도 쓰이고 있다.

2. 아포리즘으로 쓰인 글들

우리의 격언집이나 금언집에 해당하는 것이니 아포리즘은 사전에 나와 있는 단어만큼이나 많다. 귀에 익은 경구들을 예로 들어 본다면 돈, 시간, 우정, 사랑, 인생, 정치 등이 아닐까 싶다. 금언 사전④ 에 1,000개의 유형, 무형의 명사에 대한 금언이 있다. 400쪽이 넘는 분량이다. 작자의 인생관은 물론 그 시대의 사상을 가장 잘 나타내주고 있을 뿐 아니라 시대와 장소를 초월해서 삶의 초석이 되고 있다. 이 사전은 그리스, 로마의 철인에서부터 금세기의 정치가, 과학자 그리고 예술가에 이르기까지 동서의 유명한 사람 5천여 명의 글이 실려 있다. 아포리즘이란 예부터 다양한 분야의 다양한 사람들 사이에서 회자되었던 명구들임이 틀림없다. 아포리즘이 금언이나 격언이라는 등식에서 본다면 이는 전혀 새로운 용어가 아닌 이미 친숙해진 이름이다. 여러 명사名士들이 '사랑'이라는 주제로 풀어놓는 아포리즘을 예로 들어 본다.

사랑에 대하여⑤

사랑은 두 사람이 마주 쳐다보는 것이 아니라, 함께 같은 방향을 바라보는 것이다. Antoine de Saint-Exupery / 사랑은 골동품 같아서 눈에 잘 띄지도 않을 뿐 아니라 부서지기도 쉽다. 사랑하는 것과 사랑받는 것은, 태양의 양면을 다 느끼는 것이다. David Viscott / 사랑은 지성을 넘어선 상상의 승리이다. H. L. Mencken / 남자는 사랑의 첫 증상은 소심함으로, 여자는 대범함으로 나타난다.

Victor Hugo / 사랑받길 원한다면, 사랑하라! 그리고 사랑스러워져라. Benjamin Franklin / 사랑하는 사람은 누구나 시인이 된다. Plato / 사랑에 대한 치료는 더 사랑하는 것밖에는 없다. Henry David Thoreau / 사랑은 습관이 되는 부드러움이며 끝없는 용서의 행위이다. Peter Ustinov / 사랑은 주는 사람도 받는 사람도 같이 치료하는 묘약이다. Dr. Karl Augustus Menninger

3. 문학 장르에서의 아포리즘

필자는 아포리즘을 쾌도난마에 비유하고 싶다. 복잡할 땐 한칼로 끊어버려야 한다. 혼란스럽게 뒤섞인 실타래를 풀고자 하면 엉킨 부분을 잘라내고 보면 쉽게 풀 수 있다. 모호한 것은 무수한 곁가지를 차례로 잘라내고 나면 본 모습이 보이는 법이다. 군더더기가 많은 장황한 말은 설득력이 떨어진다. 명쾌한 해석을 위해서는 말을 아끼고, 줄이고, 압축할 때 그 의미는 더 강해진다.

가. 시에 관한 아포리즘

신달자 시인은 그의 시집 『아버지의 빛』 끝 부분에 시를 위한 아포리즘을 넣었다. 시에 대한 증오와 연민을 담아냈다.

1) 자의식을 일으킨다.⑥
   몸집이 크다.
   이렇게 비대해진 자의식으로는 시는 제대로 걸음을 걸을 수 없을지 모른다.
2) 내게 있어 시는 내 자전적 거울이다.

시가 시인의 내면 상황을 말하고
밖으로는 사회적인 외적 상황에 내던지는 발언이겠지만, 그래서 그것들이 어우러져 작은 돌멩이가 폭탄의 무게로 터지는 경우가 시가 갖는 폭발력으로 있었던 일이지만 내 경우는 나 사신이 늘 문젯거리로 떠오른다.

나. 소설에 대한 아포리즘

아포리즘 용어 사전에 등장하는 소설에 대한 짧은 아포리즘은 다음과 같다. 이 외에도 다른 분야에도 수없이 많이 있을 것이나 지면 관계로 줄이도록 한다.

소설(Novel)⑦

The business of the novelist is not to chronicle great events but to make small ones interesting.

(소설가의 일은 큰 사건들을 기록하는 것이 아니라 작은 사건들을 재미있게 함이다.) -Schopenhauer

4. 수필에서의 '아포리즘' 출현

여타의 문학 장르에서는 이미 오래 전부터 아포리즘적인 글이 있었으나 수필을 소재로 한 아포리즘은 기술이 없었다. 기이한 일이다. 운정 윤재천의 『수필 아포리즘』과 『아포리즘 수필』 출간을 기점으로 한국 문단에 첫 '수필 아포리즘' 시대가 열린 것이다.

수필은 인간학⑧

인간 내면의 심적 나상을 자신만의 감성으로 그려내는 한 폭의 수채화. 한 편의 수필에는 자신의 철학과 사유, 현재와 과거의 행적, 미래를 예시하기 위한 공감대가 형성될 수 있는 메시지가 담겨 있어야.

수필은 진솔한 자아⑨

혁신을 위해 종전의 굴레를 과감하게 벗어나 관념의 벽을 헐어내야 진정한 자아가 형성. 문학의 힘은 진솔한 자아의 발견에서 비롯돼.

수필은 성찰⑩

과일의 상큼한 맛이 나면서도 막 피어난 꽃처럼 싱그러움을 내재하여야. 성찰의 진지함으로 뼈대가 이루어져야. 논리에 함몰되어 목청 높이면 수필의 맛과 향기를 잃게 돼.

『수필 아포리즘』은 수필에 관한 아포리즘이 123개나 된다. 수필에 대해 전 방위 관찰로 아포리즘을 작성한 것이다. 지금까지 출간된 어느 수필이론서에 버금갈 책이다. 운정의 아포리즘에 대한 데뷔는 극히 성공적이었다. 운정은 그의 <수필 아포리즘>의 모두에서 이러한 화두가 창조의 초석이 되기를 바라며 다음과 같이 말하고 있다. "오랜 숙고를 통해 얻은 깨달음이 근간이 되어 상재되는 땀방울이 가치 있는 조언助言이 되기를 기원한다. 모든 것은 시대적 추세를 무시할 수밖에 없고, 무시한 상태에서는 관심의 외곽으로 밀려날 수밖에 없다."⑪고 기술하고 있다.

5. 『수필 아포리즘』과 『아포리즘 수필』에 대한 이해

『수필 아포리즘』과 『아포리즘 수필』이란 두 책은 거의 동시에 나왔다. 굳이 선후를 따지자면 『수필 아포리즘』 쪽이 먼저다. 이 용어를 주창한 운정의 의도는 각각 다르다고 판단하였다. 두 책이 모두 아포리즘이란 단어를 사용하고 혼란스럽긴 하지만, 운정의 의도는 그가 펴낸 책으로 구별해 보면 확연해진다. '아포리즘'과 '수필'의 어순이 달라짐에 따라 책의 내용도 전혀 달랐다.

가. 『수필 아포리즘』

『수필 아포리즘』은 수필에 관한 한 가지 주제를 놓고 쓴 아포리즘집이다. 이미 위 2. 에서 살펴본 바와 같이 아포리즘 형태의 글은 무수히 많았다. 그러나 이 많은 소재 중 '수필'에 대한 것은 한 건도 없었다. 수필에 관한 아포리즘은 필자가 알고 있는 한 운정이 효시다. 수필문학사에 남긴 운정의 큰 업적이다.

나. 『아포리즘 수필』

『아포리즘 수필』은 『수필 아포리즘』의 내용과는 전혀 무관하다. 『아포리즘 수필』은 운정이 실험한 새로운 형태의 수필작법을 선보이는 책이다. 『아포리즘 수필』은 금언집이 아니라 수필집이다. 운정은 현대수필 후원 이사들에게 감사의 뜻을 표하는 의미에서 참가자들이 저마다 다른 주제를 놓고 아포리즘적인 수필을 쓰도록 해서 책을 발간해 주었다. 이 수필집을 이름 하여 『아포리즘 수필』이라 제목을 붙였다.

6. '아포리즘 수필'의 필요성 대두

운정은 늘 변화를 강조하는 편이다. 문학에서 변화에 인색한 모든 것은 소멸할 수밖에 없다고 했다. 그것은 창조적 의지가 모자란 상태이고 대중의 기대를 외면하기 때문이다. 머물러 있는 것은 곧 썩는 것을 의미한다. 운정은 때로는 진리라 생각하는 것마저도 시대적 상황에 따라서 달라질 수 있다고 했다. 이는 세상의 모든 것은 지속적인 변화를 통해서만 창조적 발전을 할 수 있다는 것이 운정의 시선이다. 운정의 새로운 수필 형태인 '아포리즘 수필'이 탄생하게 된 배경은 위의 책 『아포리즘 수필』의 머리말에 보인 설명 이상으로 잘 기술된 것이 없다. 아직 이론적인 전개나 체계화된 설명이 없는 상태여서 여기서는 위의 책 머리말을 인용하기로 한다.

"고정된 것은 진화할 수 없다. ⑫ 끊임없이 변화를 시도하고, 또 그렇게 함으로써 발전한 것이 인류의 역사다. '변화'는 '성장'의 다른 표현으로 인식된다. 그러나 그동안 다른 것에 비해 수필은 외적으로 내적으로 고정된 틀에서 벗어나지 못해 보수적 인상이 강하게 각인되었다. 관념에 묶이고 타성에 길들어 있었다. 이런 점에서 우리의 시도는 '의거'라고 불러도 좋다. 원고지 매수로 환산해 2.5매 - '아포리즘 수필시대'의 문을 연다."

운정은 한마디로 우리 문단의 향도嚮導이다. 변화를 부르짖고 실제 작품 창작에서 이를 실행에 옮기면서, 제자들로 하여금 그런 창작적 기법을 실험토록 하고 있다.

7. '단수필'과 '아포리즘 수필'은 어떤 관계인가?

가. 단수필

전통적으로 수필의 길이는 정해진 바는 없지만, 일반적으로 작가와 비평가들은 전통적인 수필의 분량이 원고지 12매에서 20매 사이라는 데 대체로 의견의 일치를 보인다.⑬ 이런 점에서 단수필은 일반 수필보다 짧은 분량, 원고지 5매 정도의 작품을 일컫는 용어로 이해된다. 즉 원고지 분량에 의해 생긴 명칭이다. 단수필에 대한 연구는 지금도 진행되고 있고 용어 선택도 각양각색이어서 짧다는 의미의 단短, 또는 손바닥 장掌, 또는 단형(단형 형태)으로 부르고 있다. 대체로 단수필이란 용어를 많이 사용하는 편이다.

나. 아포리즘 수필

'단수필'과 '아포리즘'의 두드러진 차이는 원고지 매수에 있다. 단수필은 200자 원고지 5매 정도로 한정했지만 '아포리즘 수필'은 2.5매로 절반을 줄여 놓았다.⑭ 길이에서 현격한 차이를 보이고 있다. 따라서 위 가항의 단수필에 관한 사항은 하나같이 아포리즘 수필에 해당하는 내용이어서 같은 내용의 중복을 피하기로 한다.

다. 상호관계

단수필이 5매 한정의 글이라면 아포리즘 수필은 2.5매의 글이다. 글의 길이에서 단수필의 절반인 셈이다. 길이 면에서 비교해 본다면 단수필에서 더 짧아진 초단수필이라 볼 수 있다. 그러나 초단수필은 아포리즘이라는 단어가 붙어있다. 아포리즘의 사전적 해석에 보았듯이 경구나 격언을 일컫는 의미의 글이니 일반적인 생각보다는 기발한 생각이나 기지를 표현한 짧은 글로 쓰겠다는 의도가 더해진 것으로 보아야 할 것이다.

8. 아포리즘의 두 가지 형태에 대한 필자의 실험과 결과

가. '수필 아포리즘'에 대한 실험

수필은
발싸개
추위를 이기는 방법은 서로 다르다. 개는 코를, 소는 등을 따습게 해 주어야 한다. 사람에게는 발이다. 우리의 육신을 덥혀줄 최소한의 보온 장구가 발싸개라면, 수필은 영혼을 따뜻하게 감싸줄 마음 싸개다. 누가 거지발싸개를 허섭스레기라 욕할 것인가? 그들에게는 유일한 월동장구인 것을. 수필은 대단한 문학이기 전에, 마음이 허한 사람들을 위한 미온微溫의 위로다. (필자의 졸작)

수필에 대한 평소의 소회를 기술한다는 차원에서 '수필 아포리즘'은 누구나 가능하다. 작가에게 있어서 글쓰기는 자기를 위한 것이기도 하지만 그보다 더 독자를 위한 것이기도 하다. 아포리즘의 사전적 의미가 진리를 간결하게 표현한 말이나 글, 곧 격언, 금언, 잠언, 경구를 의미한다고 했다. 아포리즘은 오랜 경험을 집약한 짤막한 말로 정의하고 있다. 그렇다면 나는 이러한 경지에 있어서 이런 정도의 말을 할 수 있는 사람인가를 생각해 보자. 착각은 자유다. 내가 쓴 글을 누가 금언이나 경구로 보아 줄 것인가를 생각하면 그 시도가 무모한 것인지 아닌지는 스스로 알게 된다. 위의 글은 필자가 운정의 『수필 아포리즘』을 읽고 흉내 내어 본 것에 불과하다. 누구나가 할 수 있는 것이라고 해서 아무나 아포리즘을 탄생시키지 못한다는 것을 알았다. 평생을 수필에 몸담았던 노교수의 아포리즘이라면 몰라도. 이름 없는 작가의 수필 아포리즘을 누가 읽어나 줄 것인가. 무명작가의 난센스라고 해 두자.

나. '아포리즘 수필'에 대한 실험

수필은⑮

직구直球다.

타자의 헛스윙을 유도하는 변화구變化球가 아니기에 손끝으로 재주를 부리려 들지 않는다. 꿍꿍이속을 두거나 함정을 파는 일이 없어 타석에 들어서면 누구나 칠 수 있는 공을 내보낸다. 수필은 요란한 함성을 동반한 홈런의 흥분을 기대하는 것이라기보다 독자의 조용한 반향反響을 바라는 쪽이어서, 애써 태態를 내거나 환청幻聽 속에 헤매게 하지 않는다. 곧이곧대로 읽고, 보는 대로 느껴도 좋을 이유는 수필이 제정신에 살아가는 사람들이 세상을 향해 던지고 있는 꾸밈없는 이야기들이기 때문이다.

『아포리즘 수필』 작품집에 실린 필자의 졸고다. 대단히 미안하지만 '수필 아포리즘'과 '아포리즘 수필'을 구분할 수 없어 '수필 아포리즘'을 '아포리즘 수필'로 여기고 제출했던 것이다. 이 글은 어디까지나 '수필 아포리즘' 유이지 '아포리즘 수필'은 결코 아니다. 단지 2.5매 이하라는 길이에서 합격점을 받아냈을 뿐이다. 『아포리즘 수필』에 실린 다른 작품들은 개인 비평이 될 것 같아 여기서는 논외로 한다. 진정한 참모습의 '아포리즘 수필'이 어떤 것인지는 지금도 모르고 있기 때문에 설령 다시 똑같은 원고 독촉을 받는다 해도 필자의 재간으로서는 불가능할 것이다.

9. '아포리즘 수필'에 대한 평가

위 7. 다 항에서 '단수필'과 '아포리즘 수필'의 상호관계를 글의 길이와 '아포리즘'이란 차이에서 찾아보았기 때문에 '아포리즘 수필'에 대한 평가도 두 가지 측면에서 살펴보는 것이 좋겠다.

아포리즘 수필을 필자의 논리 전개를 위해 단수필보다 더 짧다는 의미에서 길이를 설명함에서 이 글에서는 편의상 '초단初短수필'로 이름 해 보겠다.

가. 길이로 본 평가

'아포리즘 수필' 소위 '초단수필'에서 가장 우려하는 것은 이러한 작은 그릇에다 충분히 수필이란 장르를 소화해 낼 수 있겠는가 하는 점이다. '문학의 미니화'⑯가 이미 실패로 끝난 마당에 뒤늦게 수필에서 미니화가 논의되고 있는 것이 이상하다는 생각에서다. 500자도 안 되는 제한된 글자 수로 주제를 내면화하고, 문장을 형상화하기는 역부족이다. 2.5매 수필은 글의 원리에도 위배될 가능성이 많다. 글의 기본단위인 문단의 원리에는 완결성이란 것이 있다. 한 문단에 있는 모든 문장은 그 문단의 중심사상을 충분히 뒷받침해야 한다. 그러려면 '초단수필'은 글의 형식상 두 문단 구성이 불가능할 정도로 짧다. 이는 글의 가장 기본적인 구도인 삼단구조를 본질에서 갖지 못하는 한계를 가진다. 처음, 중간, 끝 중에 어느 하나가 없어지거나 설령 있다고 하더라도 불완전한 문장이 될 수밖에 없다.

나. 아포리즘의 의미로 본 평가

'아포리즘 수필'은 아포리즘 적으로 쓴 수필이 되어야 한다. 그렇지만 아포리즘 적으로 수필을 쓸 수가 없다. 아포리즘으로 수필을 쓴다는 것은 불가능하다. 여럿의 아포리즘을 한곳에 모아놓아 큰 아포리즘을 만들 수도 없다. 시가 여럿이 모여 더 큰 시가 될 수 없음과 무엇이 다르랴. 아포리즘 여러 개를 동원하여 수필을 쓴다고 가정한다면 이것이 곧 훌륭한 수필이 되리란 보장이 없다. 위 2.에 있는 '사랑'에 대한 여러 아포리즘 여러 개를 묶어 놓아도 수필이 되거나, 또 다른 큰 아포리즘으로 재가공 되지 않음을 볼 수 있다.

예) 사랑에 대하여

사랑은 두 사람이 마주 쳐다보는 것이 아니라, 함께 같은 방향을 바라보는 것이다. 사랑은 골동품 같아서 눈에 잘 띄지도 않을 뿐 아니라 부서지기도 쉽다. 사랑하는 것과 사랑받는 것은, 태양의 양면을 다 느끼는 것이다. 사랑은 지성을 넘어선 상상의 승리이다. 남자는 사랑의 첫 증상은 소심함으로, 여자는 대범함으로 나타난다. 사랑받길 원한다면, 사랑하라! 그리고 사랑스러워져라! 사랑하는 사람은 누구나 시인이 된다. 사랑에 대한 치료는 더 사랑하는 것밖에는 없다. 사랑은 습관이 되는 부드러움이며 끝없는 용서의 행위이다. 사랑은 주는 사람도, 받는 사람도 같이 치료하는 묘약이다.

다. '아포리즘 수필'은 존재할 수 없을까?

아랫도리는 물고기이면서 위는 사람의 형태를 한 상상의 인간이, 아니면 물고기가 곧 '인어공주'이다. 바닷속 용왕의 딸로 물과 뭍을 오가면서 물고기와 어울리기도 하고 인간과 사랑도 하는 동화 속의 소녀다. 인어공주는 세상에 존재하지 않는다. 2.5매의 '아포리즘 수필'은 세상에 존재하지 않는, 이룰 수 없는 꿈이다. '아포리즘 수필'은 희망 사항일 뿐 세상에 없는 것에 대한 막연한 동경이며 기대이다. 당나귀와 말에서 노새가 나온다면 그것은 당나귀도 아니고 말도 아닌 노새라는 새로운 변종이 생긴 것이다. 누가 노새를 보고 당나귀라 할 것이며 아니면 말이라 할 것인가. 당나

귀를 아포리즘으로, 말을 수필로 대입해 보면 '아포리즘 수필'은 당나귀와 말을 결합하는 일이다. 노새가 더는 말이 아니듯 '아포리즘 수필'은 더는 수필이 아니다. 그렇다고 이를 아포리즘이라 불러주지도 못할 것이다. '아포리즘 수필'이란 것이 경구나 격언으로 수필을 쓰겠다는 생각에서 출발했다면 처음부터 인어공주를 닮은 공상 속의 수필을 생각하지 않았을까 추론해 본다.

10. 아포리즘 수필의 실현 가능성

가. 장르를 초월하는 수필문학으로서

퓨전 수필과 융합문학의 필요성에 대해 운정은 다음과 같이 설명하고 있다. "어떤 장르냐 하는 것이 관건이 아니라, 대중의 흥미를 유발하고, 그로 해서 독자가 관심을 집중하는가가 독서의 풍토를 주관한다. 과거와 달리 시와 구별이 모호해진 수필이나 동화 같은 순수함을 지닌 수필, 소설 이상으로 독자를 긴장시킬 수 있는 수필작품과 비평적 성격이 강한 수필의 모습이 등장하여 문학적 역량을 발휘해야 하는데, 이것이 바로 '퓨전수필'이며, 시적 수필, 소설적 수필, 비평적 수필, 희곡적 수필, 동화적 수필을 확장 발전시켜야 한다. 이 모두가 아우러져 녹아내릴 때 '퓨전수필'이 발전할 수 있는 것은 이러한 연유 때문이다."⑰ 운정은 장르의 구분에 큰 의미를 두지 않는다. 기존의 것과 이에 반하는 것이 녹아내려 또 다른 새로운 합을 형성하는, 즉 정반합의 논리가 문학에서도 적용되는 것 같다. 결국, 문학의 퓨전화는 이종배합異種配合으로 혼용, 혼합을 의미한다.⑱ 이런 점에서 보면 당연히 아포리즘과 수필은 같이 융합되어 '아포리즘 수필'이라는 새로운 장르의 탄생을 알려야 한다.

나. 수필 장르 내에 존재해야

"'수필이 변해야 한다.'라며 실험수필이라는 형태로 수필의 본질을 벗어나는 글을 쓰고 있다. ~중략~ '시는 시의 형식으로 써야 하고 소설은 소설의 형식으로 써야 한다."⑲라고 주장하는 이도 있다. 문학 장르는 갑자기 만들어지는 것이 아니다. 시는 시여야 하고, 수필은 수필이어야 하고, 소설은 소설의 형식을 갖추어야 한다. 필자가 정리해 보는 장르 간의 변화가 불가능한 이유를 다음의 예 3가지로 설명해 보고자 한다.

예) 1) 피천득의 <수필>은 훌륭한 수필이다. (시→수필)
피천득은 수필가 이전에 시인이었다.

⑳ "수필은 청자 연적이다. 수필은 난이요, 학이요, 청초하고 몸맵시 날렵한 여인이다. 수필은 여인이 걸어가는 숲 속으로 난 평탄하고 고요한 길이다. 수필은 가로수 늘어진 페이브먼트가 될 수도 있다."

이 글은 시가 갖추어야 할 운율이나 메타포와 문장의 간결함이 시가 되고도 충분하다. 아울러 수필이 갖추어야 할 구비조건도 모두 갖추었다. 비록 시의 형태를 빌려 수필이란 글을 썼지만 아무도 이 글을 피천덕의 시라고 부르지 않고 수필이라고 부른다.

예 2) 신경숙의 자전적 소설 『외딴방』㉑은 소설이다. (수필→ 소설)

자신의 이야기가 주가 된다. 이야기 속 주인공도 실제 작가 신경숙으로 등장한다. 열여섯에서 열아홉까지 산업체 특별학교를 거쳐 서울예대에 진학한 신경숙. 『외딴방』은 그가 살아왔던 삶의 여정을 다시 밟아보는 작품이다. 대부분이 신경숙 작가의 세상을 보는 수필적 자기 술회와 세상 보기로 연결되어 있다. 다소간의 허구는 수필에서 인정하는 문학적 상상의 허구 수준에 불과하다. 그렇다 하더라도 아무도 이를 수필이라 하지 않는다. 이에 대한 분류는 소설이다.

예 3) 윤동주의 시 <별 헤는 밤>은 시다. (수필→시)

㉒"계절이 지나가는 하늘에는 가을로 가득 차 있습니다. 나는 아무 걱정도 없이 가을 속의 별들을 다 헤일 듯합니다. 가슴속에 하나 둘 새겨지는 별을 이제 다 못 헤는 것은 쉬이 아침이 오는 까닭이요 내일 밤이 남은 까닭이요 아직 나의 청춘이 다하지 않은 까닭입니다. ~중략. 별이 아슬히 멀듯이, 어머님, 그리고 당신은 멀리 북간도에 계십니다. 나는 무엇인지 그리워 이 많은 별빛이 내린 언덕 위에 내 이름자를 써 보고, 흙으로 덮어 버리었습니다. 딴은 밤을 새워 우는 벌레는 부끄러운 이름을 슬퍼하는 까닭입니다. 그러나 겨울이 지나고 나의 별에도 봄이 오면 무덤 위에 파란 잔디가 피어나듯이 내 이름자

묻힌 언덕 위에도 자랑처럼 풀이 무성할 거외다."

윤동주 시인은 쓸쓸하고 고적한 가을밤에 별을 헤아리며 자신을 찬찬히 되돌아보는 명상 혹은 자기 성찰의 시간을 가진다. 자신을 부끄럽게 생각하고 부끄러운 내 이름자를 '흙으로 덮어 버리'고 그 '부끄러운 이름을 슬퍼하는' 것이다. 이 시를 줄바꾸기를 하지 않고 산문형태로 이어 쓰면 요즈음 부쩍 늘어나는 소위 단편 수필 작품에 못지않을 것이다. 그러나 아무도 윤동주의 시를 수필이라 말하지 않는다.

내용에서는 여러 가지를 섞은 퓨전 작품으로 효과를 높일 수는 있겠지만, 최소한 외형적인 면, 즉 장르 분류에서는 시는 시로, 수필은 수필로 존재하고 있어야 한다. 이 말의 의미는 결국 아포리즘은 아포리즘일 뿐이고 수필은 수필이라는 말과 다르지 않다. 아포리즘도 하나의 문학 장르이기 때문에 이 장르를 끌어다가 수필을 쓴다는 것은 시로 수필을 쓴다거나 소설로 시를 쓰겠다는 시도와 다를 바 없을 것이다. 아포리즘을 쓰는 작가와 수필을 쓰는 작가는 아래와 같이 용어에서도 구분 되고 있다.

㉓아포리즘을 쓰는 이는 아포리스트이며 수필을 쓰는 사람은 에세이스트로 구분되어 있다.

1) 아포리즘 (aphorism) → aph·o·rist (금언 또는 격언작가)

2) 수필 (essay) → es·say·ist (에세이스트, 평론가)

3) 소설 (novel) → nov·el·ist (소설작가)

다. 2.5매는 통한의 벽이다

수필에 2.5의 벽이란 단거리 선수의 10초 벽 허물기보다 더 어려운 일이다. 이 매수는 수필 작가들이 올려다볼 넘지 못할 통한의 벽이다. '아포리즘 수필 (초단 수필)'에 대한 평가는 이미 학자들 간에 논쟁이 되었던 단수필보다 훨씬 더 심각해질 것이다. ㉔ 쉽게 써서 독자 대중이 읽어주기를 바란다면, 그런 심정으로 작품 활동을 한다면, 글은 무수히 많이 쓸지 몰라도 혼 없는 글을 누가 읽을 것인가에 대해 걱정하지 않을 수 없다. 한 편의 수필 작품은 소재와 소재의 의미화가 이루어지고 메시지가 확연해야 한다. 이런 면에서 짧은 수필이 수필문학으로 보기에는 독자들이 혼란스러워할 것이다. 짧은 시보다는 약간 길고 연連시보다는 더 짧아야 하는 초 단형의 '아포리즘 수필'이란 수필 형태는 결코 누구도 넘지 못할 수필가의 벽이 될 것이다.

11. '아포리즘 수필'에 대한 재해석이 필요하다

가. 마당 수필에서의 경험

운정은 수필에서의 변화를 끊임없이 추구하고 있다. 변화 방법론 중 하나가 '마당 수필'이다. 마당놀이는 우리나라에서 발생한 독특한 놀이 문화이다. 처음에는 양반들을 꼬집고 비판하는 역기능도 있었지만, 서민들의 힘든 삶을 달래주는 돌파구였다. 한바탕 놀고 나면 다시 일상으로 돌아갈 힘을 주는 것이 마당놀이다. 마당 수필이라면 마당놀이를 생각하게 되고, 이는 곧 마당놀이를 위한 수필, 즉 희곡적 수필을 쓰라는 것으로 생각할 수 있다. 수필을 아무리 희곡적으로 쓴다 해도 수필이 될 수 없다. 마당이란 공간에서 공연이라도 할 수 있는 정도의 글이라면 이것은 이미 수필이 아니라 희곡이란 영역으로 넘어가 버린다. 필자는 '마당 수필에 관한 소고'에서 운정의 뜻을 이렇게 설명해 놓았다. 운정의 '마당'을 장소 개념으로 볼 것이 아니라 마당이 가지는 상징성으로 보았다.㉕ 수필이 번성하기를 바란다면 열린 수필, 대중적인 수필, 재미와 유머가 있는 수필, 독자 친화적 수필로 가자는 주장으로 재해석한 바 있다.

나. 아포리즘 수필의 재해석

앞에서 아포리즘의 사전적 의미가 경구나 격언을 일컫는 말이었음을 보았다. 일반적으로 생각할 수 없는 기발한 생각이나 기지를 표현한 짧은 글로 정의하고 있다. 운정의 '아포리즘 수필'은 수필을 아포리즘 형태를 쓰자는 의미가 아니라고 본다. 그보다는 짧은 문장, 간결함, 촌철살인의 의미를 담아내는 기지가 보이는 글을 쓰라는 권고로 재해석하고 싶다. 그렇다면 위에서 살펴본 위 9.의 가, 나 항의 의미가 선명하게 보일 수 있을 것이다. '마당 수필'에서의 마당이 실제 마당이 아니라 보다 독자와 가까워진 열린 수필을 의미했던 것과 같은 맥락이다.

〉〉 나가면서 (결론)

운정은 수필계에서 끊임없이 변화를 주도해 온 분이다. 아방가르드 수필/ 메타 수필/ 마당 수필/ 반추상 수필/ 실험 수필 등 여러 용어의 공통분모는 모두 변화였다. 이러한 맥락에서 원고지 2.5매 분량이란 충분히 운정다운 제안이라 할 수 있겠다. 새로운 유형의 출현은 늘 신선을 충격을 주었고 반가운 일이다. 그렇지만 2.5매 분량의 '아포리즘 수필'에서 만큼은 적용 이전에 수필가의 공감대가 선행되어야 할 것이다. 지금으로서는 격찬의 소리만 높을 뿐 실체가 보이지 않는 수필로 마치 신기루 같은 모습이다. 긍정적인 평가는 수필에서 문장이 더 간결해지고 의미심장해지기를 바라는 운정의 소망이 담겨 있다는 생각에서 시도만은 높이 평가하고 싶다. 맹목적인 추종이나 호평은 개인을 위해서도, 수필 분야를 위해서도 도움이 되지 못한다. 성급한 사람들의 '아포리즘 수필'에 대한 환호성은 필자에게 벌거숭이 임금을 생각나게 한다. 시대 조류에 뒤처지지 않는 사람만이 쓸 수 있다는 '아포리즘 수필'은 마치도 착한 사람에게는 보이고 마음 나쁜 사람에게는 보이지 않는다는 임금님의 옷 존재와 같을 것이다. 세상에 보이지 않는 옷이란 없다. 보이지 않을 옷을 입고 거리로 나가 아이들의 놀림감이나 된 '벌거숭이 임금님'과 '아포리즘 수필'을 쓸 수 있노라고 자랑삼는 수필가의 모습이 필자의 눈에는 자꾸만 겹쳐져서 보인다.

≪참고문헌≫

① H,C 안데르센 『벌거숭이 임금님』(서울: 한림출판사, 2005)
② 신희천· 조성준 『문학용어사전』(서울: 도서출판 청어, 2001) 397~8쪽
③ <한국브리태니커 사이트 <www.britannica.co.kr> 검색어 Aphorism
④ 류형기 『금언사전』(서울: 신생사, 2009).
⑤ 석현수 『여러분도 행복 하세요』(대구: 한성사, 2006) 108쪽
⑥ 신달자 『아버지의 빛』(서울: 문학세계사, 1999), 108쪽
⑦ 유형기의 위의 책 『금언사전』, 212쪽
⑧ 윤재천 『수필 아포리즘』(서울: 소소리, 2012) 8쪽
⑨ 앞의 책 134쪽
⑩ 앞의 책 236쪽
⑪ 앞의 책 4~5쪽
⑫ 윤재천 『아포리즘 수필』(서울: 소소리, 2012) 2~3쪽
⑬ 권대근의 논문 <왜 단수필은 않되는가?>에서 1-2. 어떤 수필을 단수필이라 하는가?
⑭ 운정의 위의 책 『아포리즘 수필』 2쪽
⑮ 앞의 책 68쪽
⑰ 권대근의 앞의 논문 2쪽
⑰ 윤재천 『운정의 수필론』(서울: 문학관, 2008), 융합문학의 필요성 269쪽
⑱ 한상렬 『수필문학의 미로 찾기와 허물벗기』(인천: 서해, 2008). 21세기 수필문학의 진로는 어디인가, 243쪽

⑲ 장사현 『수필문학총서』(서울: 북랜드 2013), 286쪽 수필, 진실의 순도와 인간미

⑳ 유승희 『우리시대의 한국문학 수필』(서울: 계몽사, 2000), 피천득 <수필> 178쪽

㉑ 신경숙 『외딴방』(경기: 문학 동네, 2006)

㉒ 윤동주 『하늘과 바람과 별과 시』(서울: 하서, 2009), 27쪽

㉓ 민중서각사서편집부편 『Webster 영한 대사전』(서울, 민중서각, 2002)

㉔ 배정인 『진주수필5 ≪사람 사는 집≫』(서울: 한누리 미디어, 2013), 수필잡설 9쪽

㉕ 석현수 『말을 타고 쓰다』(서울: 북랜드, 2012), 179쪽

≪심사평≫

오늘 우리 수필문단에는 수필 창작에 대한 새로운 바람이 불고 있다. 수필문학이 일상성을 벗고 키치적 사고에서 자유롭기 위해서는 새로운 패러다임에 의한 수필 창작이 이루어져야 한다는 목소리가 그 어느 때보다 크다. 이런 변화는 수필 창작이 고정관념에서 그 허물을 벗고 미로를 찾아야 한다는 소이와 맞물린다. 문학의 표현과 본질의 변화이다. 이런 변화에 대한 가로지르기는 아방가르드적 사고의 전환일 것이다. 디지털 시대로의 변화는 전문가와 아마추어의 경계를 와해시키고 있다. 따라서 이제는 문학에 대한 권위주의적 사고에서 비롯된 편견에서 자유로워야 할 것이다. 최근 수필 문단 일각에서 일고 있는 퓨전수필과 메타수필의 시도나 단형수필의 실험은 이런 시대변화에

편승한 수필 창작의 변화일 것이다. 경계 해체와 장르 결합의 실험적 기법은 수필의 형식과 내용의 변화를 촉구하고 있다. 특히 '아포리즘 수필'이란 논의에 대한 해석은 실험수필 전반에 걸쳐 문제의식을 갖게 한다.

이번 『에세이포레』 신인상 평론 부문에 응모한 석현수의 〈'아포리즘 수필'의 가능성에 대하여〉는 이런 시의적 필요와 그 가능성에 다해 천착한 수준 높은 논의의 전개라 하겠다. 작가는 최근 '아포리즘 수필'이 대세라는 데에 문제를 제기하면서 문학에서의 아포리즘이 적용된 구체적 예시와 견해를 통해 정치하고도 논리적인 전개를 펼침으로써 그 논리의 당위성을 확보하고 있다. 주제 구현을 위한 다양한 정의와 구체적 예시, 문제점의 도출과 진단, 해석 그리고 문제점의 해결을 위한 제안에 이르기까지 그의 논의는 개별적이면서도 다양성을 갖고 있다. 형식상의 문제가 없지 않으나 그의 적확한 논지는 문제에 대한 통찰과 예지가 담겨 있어 독자로 하여금 문제의식과 함께 이해의 폭을 넓혀줄 것으로 판단한다. 앞으로 그에게 거는 기대가 크다. 일천한 한국 수필 문단에 새로운 비평가로의 책무를 충분히 담당해 주리라 믿는다.

(심사위원: 문학평론가 이유식 한상렬)